너무 애쓰지 마라

"SHOUNIN YOKKYU" NO JUBAKU by OHTA Hajime

Copyright ©Hajime Ohta 2019
All rights reserved.
Original Japanese edition published in 2019 by SHINCHOSHA Publishing Co., Ltd.
Korean translation rights arranged with SHINCHOSHA Publishing Co., Ltd.
through BC Agency, Korea
Korean translation copyrights ©2025 by wilma Co., Ltd.

이 책의 한국어판 저작권은 BC에이전시를 통해 저작권자와 독점계약을 맺은
㈜윌마에 있습니다. 저작권법에 의해 한국 내에서 보호를 받는 저작물이므로
무단전재와 복제를 금합니다.

너무 애쓰지 마라

인정중독에서 벗어나 삶의 주도권을 되찾는
14가지 심리 기술

오타 하지메 지음
민경욱 옮김

들어가는 말

── 오늘도 인정받기 위해
　　　애쓰고 있는 당신에게

최근 주위에서 '인정욕구'라는 말을 자주 듣게 된다. 그러나 유감스럽게도 이 단어는 대체로 좋지 않은 의미로 사용되고 있는 듯하다.

인스타그램이나 X(구 트위터), 페이스북에 사생활을 낱낱이 공개하거나 실상보다 미화하여 보여주는 사람. 다른 사람의 말은 제대로 듣지 않으면서 자기 말만 해대는 사람, 주목받지 않으면 견디지 못하는 관종들, 고속도로를 280km로 폭주하는 동영상을 인터넷에 올려 검찰에 기소된 일, 아르바이트 직원이 가게

냉장고에 들어간 사진을 올렸다가 그 편의점이 폐점 위기에 몰린 사건 등에는 어김없이 '인정욕구'라는 말이 따라붙는다.

한편 자기 마음속에 숨어 있는 인정욕구의 존재를 깨닫고 어떻게 다뤄야 할지 몰라 당황하는 사람도 늘어나고 있는 것 같다. '아키하바라의 묻지 마 살인 사건[a]'이 일어난 지 15년이 지난 지금까지, 인터넷에는 범인 가토 토모히로에 공감하는 글이 끊이지 않는다.

심리학자 A.H.매슬로의 욕구 단계 이론[b]을 통해 알려진 인정욕구는 원래 인간의 정상적인 욕구 중 하나이다. 매슬로에 따르면 인정욕구는 '존경·자존의 욕구'라고도 불리며, '다른 사람에게 인정받고 싶다', '자신이 가치 있는 존재라는 인정을 받고 싶다'는 욕구[1]이다.

[a] 2008년 일본 도쿄에서 일어난 무차별 살인사건. 7명이 사망하고 10명이 부상당했다. -편집자 주

[b] 생존을 위해 필수적인 선천적 본능에서부터 개인의 사회적 발달을 통해 이루어지는 다양한 욕구에 이르기까지 각각의 욕구들이 위계를 지니며, 어떤 욕구는 다른 욕구에 비해 훨씬 강력한 동기를 갖는다는 발달심리학 이론이다. 매슬로는 모든 인간이 보편적으로 가지는 욕구를 생리적 욕구, 안전 욕구, 애정·소속의 욕구, 존경·자존의 욕구, 자아 실현 욕구로 구분했다. -편집자 주

인정욕구가 있기에 인간은 노력이란 걸 하고 건전하게 성장한다고 해도 과언이 아니다. 또 다른 사람과 협력하고 서로 돕는 동기도 인정욕구에서 시작되는 경우가 많다.

나는 20년 전부터 이 인정욕구에 주목해 그게 인간에게 얼마나 중요한지, 얼마나 강력한지를 수많은 사례와 실증 연구로 밝혀왔다. 이 과정에서 인정욕구가 최근, 뜻밖의 형태로 세상의 관심을 집중시키고 있다는 것을 발견했다.

- 스포츠계에서 잇따라 발각된 폭력과 갑질.
- 사회문제가 된 집단 따돌림과 은둔형 외톨이.
- 관료 사회에서 일어난 공문서 위조와 사실 은폐.
- 기업에서 계속 발생하는, 데이터 날조와 부정 회계.
- 일본의 최대 광고 회사 덴츠 직원의 자살을 계기로 새삼 심각하게 드러난 과로 문화.
- 구호만으로는 좀처럼 나아지지 않는 근무 방식 개혁.

이들 문제의 배후에는 '강박적인 인정욕구'가 숨어 있다. 그게 수면 아래에서 서서히 증식해 마침내 일본의 조직과 사회에 중대한 영향을 미치게 된 것이다.

이러한 유형의 인정욕구에는 이제까지 지적되어 온 것과는 완전히 다른 문제가 있으며, 특히 그 문제가 일본을 비롯한 일부 아시아 사회의 특수성과 밀접하게 관련되어 있다. 그것은 주목받기 위한 자기 과시형 인정욕구보다 어떤 의미에서는 더 위험하고 한층 심각한 영향을 일으킨다. 그런데도 본인이나 주윗사람 모두 그것이 인정욕구가 일으키는 것임을 알아차리지 못하고 있다.

내가 처음 이 문제를 알아차린 것은 대학원생을 지도했을 때이다. 한 대학원생이 어렵게 연구한 성과를 발표한 뒤 좋은 평가를 받아 앞으로의 연구 발전에 기대를 모은 순간, 갑자기 자퇴 서류를 내고 그대로 다시 나오지 않았다. 또 다른 대학원생은 아주 뛰어난 성적으로 박사 과정까지 올라갔으나 자기 방에 틀어박혀 가족과도 말하지 않는 사이가 되어버렸다. 이후에도 비슷한 사례는 이어졌다.

나는 처음에 이것이 특이한 사례라고만 생각했다. 그런데 알고보니 비슷한 현상이 기업이나 관공서에서 종종 일어나고 있었다.

우연히 방문한 한 회사에서 이런 이야기를 들었다. 어느 날 사장이 공장에 시찰차 들러, 기계를 능숙하게 조작하는 젊은 사원의 근무 태도를 칭찬했다. 그리고 헤어지면서 "기대하고 있으니 잘 해보게"라고 말하며 그의 어깨를 툭툭 두드렸다. 이후 동료의 주목을 받게 된 그는 누구보다 일찍 출근해 만반의 준비를 끝낸 다음 일에 나섰다. 그런데 얼마 후 그가 정신적인 문제를 주장하며 휴직했다는 것이다.

이런 사례가 아주 특이한 것이 아님을 강조해두고 싶다. 오히려 일정한 조건만 갖춰지면 상당히 높은 확률로 발생한다. 게다가 '병'이 중증화되는 경우가 늘고 있다. 그리고 그것이 어떤 선을 넘으면 먼저 예로 든 사건 같이 심각한 사회문제가 일어난다.

타인의 인정에 대한 갈증

사람은 인정받을수록 거기에 매달린다. 그래서 세상의 인정을 받고 싶다, 좋은 평가를 받고 싶다는 생각을 끊임없이 해온 사람은 그 바람을 이룬 순간 인정의 중압에 시달리게 된다.

체중 조절에 성공한 것을 자랑하고 싶어 SNS에 올렸더니 '좋아요'를 잔뜩 받았다. 그 뒤로는 기대에 어긋나지 않기 위해 다이어트를 중단할 수 없게 되어 섭식 장애에 걸린 사람이 적지 않다고 한다. 앞에서 이야기한 '280km 폭주족' 역시 과거에 여러 번 폭주하는 동영상을 올렸다. 아마도 처음에는 그저 자랑하고 싶은 마음이었을 것이다. 그러나 '좋아요'를 누른 사람들의 기대에 부응하고 싶다는 심리가 더해져 폭주도 심해졌을 것이다.

문제는, 인정받고 싶다거나 평가받고 싶다는 걸 의식하지 않는 사람 역시, 이 '병'과 무관하진 않다는 사실이다. 성인의 60퍼센트 이상이 SNS를 사용하다 보니, 처음에는 가벼운 마음으로 이용했으나 정신을 차려보니 타인의 평가에 휘둘리고 있었다고 고백하는 경우가 많다. 인터넷에서 설문조사를 실시한 결과 이용자의 과반수가 타인으로부터 '인정받아야 한다'라고 생각하면서 글을 올린다고 대답했다. 그 생각이 커지면 어떻게 될지는 쉽게 상상할 수 있다.

함정은 우리 생활 속에 수없이 숨어 있다. 누구나, 우연히 주위 사람의 칭찬을 받으면 그걸 계기로 자기도 모르게 자신을 잃고 주위가 기대하는 방향으로 흘러간 경험이 있다. 또 타인의 평가에 둔한 사람이더라도 정신을 차려보니 마음속에 잠들어 있던 인정욕구에 매달려 고민하고 괴로워하는 일도 있다.

부원의 지지로 운동부 주장에 뽑힌 학생이 부원을 지나치게 배려하다가 지쳐 동아리 활동에 대한 재미를 잃어버린 예. 회사 간부의 눈에 들어 갑자기 출세가도에 오른 사원이 간부의 기대에 못 미칠까 두려워 우울증에 빠진 예. 입원 환자의 칭찬을 일의 보람으로 여긴 간호사가 환자가 내뱉은 차가운 한 마디에 일의 의욕을 잃고 사직한 예 등 인정으로 얻은 좋은 효과가 어떤 계기를 통해 나쁜 효과로 바뀌는 경우는 많다. 그야말로 '산이 높으면 계곡도 깊은 법'이다.

'인정'은 내가 아닌 타인에게 주도권이 달린 일

애당초 인정은 상대의 의지에 달린 것이다. 내가 아무리 인정받고 싶어도, 아무리 노력해도, 상대가 인정해주지 않으면 인정욕구는 채워지지 않는다. 그리고 아무리 큰 권력과 경제력이 있어도 그 힘을 써 인정을 끌어낼 수는 없다. 반대로 스스로 바라지 않았는데도 상대에게 일방적으로 인정받을 때도 있다. 그만큼 의존하는 욕구인 것이다. 특히 인간관계가 밀접하고 평판을 중요하게 여기는 일본과 한국 사회에서는 강박도 더 강해진다.

그런데 문제는, 이런 강박증에 빠져 있어도 깨닫지 못하는, 아니 깨달았으면서도 인정하지 않으려는 경우가 많다는 점이다. 그동안 조직이나 사회의 리더, 연구자들도 이 문제를 제대로 바라보지 않았다.

그 때문에 실제로는 인정에 대한 강박이 있음에도

'부끄러움'이나 '체면', '의지' 같은 말로 숨기거나 '책임감'이나 '사명감'이라는 그럴듯한 말로 치환하는 경우가 많다. 이렇게 감춰져 있으니 좀처럼 정체가 드러나지 않아 대책도 세우지 못하고 있다. 그러는 동안 '병'은 점점 진행되어 사람들을 그리고 조직과 사회를 잠식하고 있다.

냉정하게 분석해보면 강박적인 인정욕구는 정말 놀라우리만치 많은 장면에서 일어나고 있다. 게다가 많은 사회문제와 관련되어 있다.

이 책에서는 강박적인 인정욕구가 우리 일과 생활 속에 얼마나 퍼져 있고 깊이 뿌리를 내리고 있는지, 얼마나 위험한지를 분명히 밝히고자 한다. 그 다음 상대를 강박하지 않기 위해, 또 스스로 강박되지 않기 위해 어떻게 해야 할지를 서술하려 한다.

이 책을 통해 부모는 자식에게, 교사는 학생에게, 상사는 부하에게 좋은 일이라고 생각해서 했던 일이 결과적으로 상대를 압박했던 게 아닌지 냉정하게 돌아보는 기회를 가졌으면 좋겠다. 경영자나 정책 입안

자는 자기도 모르는 사이에 선량한 사람들을 인정에 매달리게 하는 잘못된 시스템을 개선하는 계기를 마련한다면 좋겠다. 그리고 우리 모두 타인의 인정에 얽매여 불행에 빠질 위험 부담을 지고 살아간다는 걸 깨달음과 동시에 돌이킬 수 없는 사태로 번지기 전에 손쓸 수 있게 되길 바란다.

지금부터 사람의 마음속에 잠들어 있는 '인정욕구'라는 괴물의 정체를 밝혀 제어하는 방법을 생각해보자.

저자 오타 하지메

차례

들어가는 말   오늘도 인정받기 위해 애쓰고 있는 당신에게 · 004

'칭찬은 고래도 춤추게 한다'는 말은 틀렸다 ──── 1장

1. 인정과 칭찬의 긍정적인 면 · 020

꽃 한 송이의 효과 | 인정의 효과를 측정해 보니 | 칭찬 vs 인정 | 인간은 누구나 칭찬을 좋아한다 | '하면 할 수 있다'는 자신감 | 인사 평가의 빈 곳을 채워주는 '인정의 말' | 인정의 긍정적인 효과들 | 인정받을수록 불안한 마음

2. 왜 사람들은 인정받고 싶어 할까 · 038

인정욕구에 의해 움직이는 사람들 | 인정이 주는 달콤한 대가가 우리를 인정에 중독되게 한다

3. 인정받기 위해서라면 목숨까지 거는 사람들 · 046

인정받기 위해 스토리를 만든다 | 병적인 인정중독 | 위대한 부모 아래에 사고뭉치 아이가 많은 이유 | 인정받기 위해 위험을 감수한다 | 인정욕구 통제하기

'인정받고 싶다'가 '인정받아야만 한다'로 바뀔 때 —— 2장

1. 인정과 칭찬이 위험하다 · 058

성과를 내는 직원이 오래 근무하지 못하는 이유 | 우리를 쥐락펴락 하는 '칭찬 사기' | 학생 셋 중 하나는 칭찬 감옥을 경험했다 | 때로는 질책보다 칭찬이 위험하다 | 주위의 기대가 '인정받아야만 한다'는 불안을 증폭시킨다 | '익숙해지면 압력은 극복할 수 있다'는 말은 거짓 | 몸부림칠수록 더 깊이 빠져드는 '칭찬 개미지옥' | 징크스 뒤에는 압박감이 있다

2. 인정받은 사람의 불행 · 078

꿈의 실현. 그 다음은 대혼란? | '이기는 게 당연하다'는 중압감 | '인정받고 싶다'는 마음 하나로만 산 한 야구선수의 이야기 | 타인의 기대를 의식한 행동이 가져온 또 다른 불행 | 인정받기 위해 실제 나와 다른 사람을 연기하다 보니 | 미슐랭 별 3개가 가져온 불행 | 누구라도, 일단 얻은 평판을 놓치기 싫어한다

3. 우리가 인정에 집착하는 이유 · 093

인정을 잃으면 의욕과 자신감이 사라지고 성적도 떨어진다 | 한 번 얻은 인정은 절대 놓칠 수 없어 | 도움을 청하는 것은 곧 인정을 놓치는 일 | 왜 중요한 시험을 앞두고 자꾸 아플까? | 나에게 아무것도 기대하지 마세요 | 높은 위치에 있을수록 심해지는 인정 욕구 | 유명인, 성공한 사람은 인정받고 싶은 마음에서 자유로울까?

인정받고 싶은 마음이 불러오는 비극 — 3장

1. 칭찬이 우리를 궁지로 몰아넣는다 · 114

24세 신입사원의 죽음이 남긴 교훈 | 인정받기 위해 무리하는 사람들 | 눈치를 보느라 쉬지도 못한다 | 무리할수록 인정받는 분위기 | 아무리 좋은 제도를 마련해도 소용 없는 이유 | 인정받고 싶은 마음은 열정페이의 좋은 먹잇감이다 | 기업가들은 인정받고 싶은 마음을 어떻게 이용하는가 | 우울증의 원인이 되는 인정욕구의 강박 | 좋은 사람일수록 '인정'이라는 감옥에서 벗어나지 못한다 | 인정욕구의 강박을 가져오는 세 가지 요소

2. 열심히 사는 사람일수록 인정에 집착한다 · 139

높아지는 기대에 부응할 수 없어 좌절한다 | 그동안 인정받았던 재능이 쓸모없어져 좌절한다 | 기대를 낮추지 못해 좌절한다

3. 인정욕구가 똑똑하고 성실한 사람을 문제아로 만든다 · 148

계속 인정받고 싶은 마음이 엘리트들을 범죄의 덫으로 밀어넣는다 | 남들이 기대하는 능력과 실제 나의 능력 사이 | 조직 내의 평가와 평판에 매달릴 수밖에 없는 구조 | 누가 시키지 않아도 인정받기 위해 자신을 낮춘다 | 인정받기 위해 저지른 부정은 감싸줘도 된다? | 성과를 내야만 한다는 중압감은 어떻게 일탈로 이어지는가 | 모두가 인정욕구에 빠져 허우적댈 때, 조직 전체가 부정에 빠진다 | 인정받고 싶은 마음이 불러오는 최악의 결과

4. 인정받고 싶은 마음이 도덕적 해이를 불러온다 · 169

지금 인정받지 못하면 다시 기회가 오지 않을까봐 | 타인의 인정에 의존할 수밖에 없는 사람들 | 엄격한 처벌 규정보다 훨씬 큰 힘을 발휘하는 인정욕구 | 사람에게 의지함으로써 성공했지만 사람에 의지하기에 풀리지 않는 문제들

인정욕구에서 해방되기 — 4장

1. 타인의 기대라는 무게에 짓눌리지 않는 법 · 182

'더 잘하겠다'는 부담을 내려놓기 | '바보'라는 말이 주는 해방감 | 개인의 노력과 제도적인 개혁이 함께 이뤄질 때 | 말이 아닌 금전적인 보상으로 인정하자 | 명확한 제도를 통해 쓸데없는 배려를 없앨 수 있다 | 성과주의에는 '적당히 일할 자유'도 포함된다 | 승진하지 않을 용기

2. 자기효능감 되찾기 · 198

성공은 다양한 모습이다 | 구체적인 사실을 인정하고 칭찬하기 | 잠재력을 인정하고 칭찬하기

3. '별것 아니야'라고 생각하기 · 207

눈앞의 목표에서 벗어나 크고 먼 미래 상상하기 | 약점을 솔직하게 드러내기 | 부담감을 줄여주기 위한 리더의 역할 | 관계의 다양성 추구하기

4. 공동체주의에서 벗어나기 · 216

'가족같은' 회사는 이제 그만 | 타인의 눈치를 보지 않는 프로가 되자 | 인정받아야만 한다는 강박에서 벗어나기

맺음말 인정받고 싶은 마음 그 아래에 깔린 어둠을 생각하며 · 222
참고 문헌 · 228

1장

'칭찬은 고래도
춤추게 한다'는
말은 틀렸다

1. 인정과 칭찬의 긍정적인 면

최근 들어 '인정욕구'라는 말이 자주 들린다고 느낀다면 맞다. 확인 차 '인정욕구'라는 키워드를 구글에 검색해보니 850만여 건 이상의 결과가 나왔다.

애당초 인정욕구는 사회과학의 세계에서도 그다지 주목받지 못했다. 명확한 울림이 있는 자기실현 욕구, 달성 욕구 등이 널리 알려진 것과는 대조적이다. 하지만 실은 정말 중요한 욕구이자, 인간이 가지는 의욕의 원천으로, 또 행동과 성장의 원동력으로 아주 중요하고 커다란 역할을 담당하고 있다.

그리고 조직과 사회는 사람들의 인정욕구에서 생기는 의욕과 노력의 혜택으로 발전하고 번영해왔다. 과장처럼 들릴 수 있겠으나 인간의 인정욕구 없이는 조직도 사회도 성립되지 않는 게 현실이다.

이 책의 목적은 인정욕구가 인간에게 얼마나 중요한지, 조직과 사회에 얼마만큼의 혜택을 주었는지 얘기하려는 게 아니다. 오히려 숨은 위험성과 폐해를 드러내 대책을 찾는 데 주안점을 두고 있다. 그러나 인정욕구의 어두운 '그림자'를 부각하려면 밝은 '빛'을 느껴야 한다. 계곡의 깊이를 알려면 산의 높이를 측정할 필요가 있듯, 인정욕구로 인한 강박은 인정받음으로써 얻는 다양한 효능과 깊이 관련되어 있다.

그리하여 이 장에서는 내가 이제까지 해온 연구에서 '빛'과 '산'의 부분, 그러니까 인정욕구가 얼마나 강한 힘으로 사람을 움직이는지, 인정욕구를 채우면 어떤 좋은 효과가 있는지를 소개한다. 다음으로 인정욕구는 왜 그토록 강력한지 짚고, 인정욕구의 그림자에 대해서 살펴본다.

꽃 한 송이의 효과

대학을 졸업하자마자 지역 생활협동조합에 취직한 신입사원은 몇 달이 지나도 일에 자신이 없었다. 소심한 건지, 자신에게 너무 엄격한 탓인지, 조금이라도 문제가 생기면 그때마다 울면서 상사에게 "그만두고 싶어요"라고 말했다.

어느 날, 평소처럼 조합원 가정에 상품을 배달하러 갔던 그는 꽃 한 송이를 들고 돌아왔다. 상사가 "웬 꽃이에요?"라고 묻자 그는 "한 조합원이 고맙다는 말과 함께 저에게 이 꽃을 줬어요"라고 답했다.

상사는 "음, 조합원이 왜 당신에게 그 꽃을 주었을지 생각해 봐요"라고 말했다. 그는 잠시 골똘히 생각하더니 갑자기 개운해진 듯 상사에게 달려와 "알았어요!"라고 웃으며 대답했다. 이후 그는 마치 다른 사람이 된 듯 당당한 태도로 일하게 되었고 두 번 다시 "그만둘래요"라는 말을 입에 올리지 않았다. 단 한 송이의 꽃이 그를 바꾼 것이다.

이런 이야기도 있다. 고등학교 럭비 선수였던 A씨

는 능력을 높이 사 지역의 강화지정선수로 뽑혔다. 강화지정선수가 되면 각종 지원을 받고 기대주로서 주목도 받게 된다. 좋은 조건에서 훈련에 매진한 A씨의 실력은 일취월장했고, 곧 지역 럭비계에서 관심 깊게 지켜보는 선수로 성장했다.

그런데 사실은 강화지정선수 선발에 오류가 있어서 A씨가 아니라 B씨가 선발되었어야 했던 사실이 알려졌다. 그러나 그 사실이 밝혀졌을 때 A씨의 실력은 B씨를 크게 앞서 있었다고 한다. 인정받은 게 자신감과 격려가 되어 성장을 가져온 상징적인 사례이다.

인정의 효과를 측정해 보니

이처럼 인정, 그러니까 인정받거나 칭찬받음으로써 의욕이 높아지거나 성장했다는 에피소드는 얼마든지 있다. 다만 인정받았기 때문에 성장했는지, 성장했기 때문에 인정받았는지, 그 인과관계가 분명치 않은 사례가 많다. 인정의 효과를 객관적으로 증명하는 증거를 찾아봤지만, 유감스럽게도 국내는 물론 해외에서도 극히 적었다.

그래서 나는 2008년부터 여러 기업과 관공서, 병원, 중고등학교, 유치원 등에서 실제로 인정받거나 칭찬받으면 어떤 효과가 있는지를 명확하게 하는 실증 연구에 돌입했다. 일정 기간 안에 상사가 부하를, 교사가 학생이나 원생을, 부모가 자녀를 의식적으로 인정하거나 칭찬하고, 인정받은 사람과 인정받지 못한 사람, 혹은 전과 똑같이 대한 사람의 사이에 어떤 차이가 발생하는지를 의식 조사 결과와 객관적인 성장 지표로 비교해 통계적으로 분석했다. 지금부터 이 연구를 통해 밝혀진 인정의 주요 효과를 설명하겠다.

칭찬 vs 인정

독자 중에는 칭찬과 인정이라는 단어의 구분에 대해 궁금해하는 사람이 있을 것이다.

사실 엄밀히 말하면, 각각의 의미는 미묘하게 다르다. 일반적으로 '칭찬'은 상사가 부하에게, 교사가 학생에게처럼 위에서 아래로, 혹은 대등한 관계에서 이루어진다. 그에 반해 '인정'은 상하와는 관계없이 아랫사람이 윗사람을 인정할 수도 있다.

또 '칭찬'일 때는 약간의 과장과 감정이 들어가는 경우가 많다. 하지만 '인정'에는 과장이나 감정이 들어가지 않을 뿐 아니라 언어적인 표현이 결여된 경우도 있다. 이를테면 말없이 난이도가 높은 일을 맡기는 식이다. 이것은 상대의 실력을 인정했다는 뜻이다.

다만 이 책에서는 칭찬과 인정의 차이를 명확하게 구별하지 않고 문맥에 따라 사용하므로 미리 양해를 구해둔다.

인간은 누구나 칭찬을 좋아한다

동기부여(의욕 고취)는 크게 두 종류가 있다. 하나는 돈이나 물건, 직책 등 밖에서 주어지는 보수에 따라 생기는 것이다. 이를 '외발적 동기부여'라고 한다. 다른 하나는 일 자체에서 즐거움을 느끼거나 도전 정신을 가지는 것처럼 일의 내면에서 생기는 것이다. 이것은 '내발적 동기부여'라고 부른다.[2]

한 공기업에서 설문한 결과 상사의 인정을 받은 사람은 인정받지 못한 사람에 비해 내발적 동기부여가 높아지는 것으로 드러났다. 상사에게 인정받거나 칭찬받으면 기분이 좋아진다. 또 자신이 하는 일을 긍정적으로 인식하면 일에 더 몰두할 수 있게 된다.

성인만이 아니다. 유치원에서 실시한 연구에서는 교사가 의식적으로 원아를 칭찬한 반에서는 원아가 즐겁게 연극 연습에 참여해 5살 원아가 손짓과 몸짓과 함께 동작에 억양까지 더해 연기했다는 보고가 있었다. 칭찬받으면 즐거워지는 것은 성인이나 아이나 마찬가지인 것이다.

'하면 할 수 있다'는 자신감

'자기효능감'이란 환경을 효과적으로 지배하고 있다는 감각으로[3], 쉽게 말해 '하면 할 수 있다'라는 자신감을 뜻한다.

일이나 공부를 긍정적인 마음으로 대할지, 높은 목표를 세우고 도전할지 등이 이 자기효능감에 의해 크게 좌우된다. 자기효능감이 높은 사람은 자존감도 높다고 알려져 있다. 자존감이 높은 아이는 정서가 안정되어 있고 책임감이 있으며, 사회적인 적응력이 높아 성적도 좋다는 연구 결과가 있다.[4]

인간에게 그만큼 중요한 요소임에도 불구하고 일본인은 자기효능감이나 자존감, 비슷한 의미를 지닌 자기긍정감까지 모두 매우 낮은 것으로 알려져 있다.

도쿄, 상하이, 서울, 런던, 뉴욕의 초등학교 5학년생을 대상으로 한 의식 조사에 따르면, 나는 '공부를 잘할 수 있다', '정직하다', '친절하다'라고 답한 비율은 도쿄의 아이가 끝에서 두 번째였다. 또 '어떤 어른이 될 것 같은가?'라는 질문에 대해 '모두가 좋아하는 사람이 될 것이다', '좋은 부모가 될 것이다', '유명한 사람이 될 것이다', '부자가 될 것이다', '일로 성공할 것이다', '행복한 가정을 이룰 것이다'라는 항목에 긍정정으로 답한 아이의 비율은 5개 도시 중 도쿄의 아이가 가장 낮았다.[5]

미국과 일본의 10세 아이와 중학생, 대학생 비교

조사에서도 일본인 아이의 자기평가가 낮은 것으로 나타났으며, 일본, 유럽, 미국 등 총 7개국의 13~29세의 젊은이를 대상으로 한 조사에서도 '나는 내게 만족한다', '내게 장점이 있다고 느낀다', '내 생각을 분명하게 상대에게 전할 수 있다'라는 대답은 일본이 가장 낮았다.[6]

이 외에도 다양한 연령층과 직종을 대상으로 한 수많은 조사에서 일본인의 자기효능감과 자존감, 자기긍정감이 낮다는 게 밝혀졌다. 일본인은 다른 나라 사람보다 자기 능력에 자신감이 없고 스스로 인정하지도 못하는 것이다.

자기효능감을 높이기 위해서는 어떻게 해야 할까? 지금까지의 연구 결과로는 '주위의 인정'이 큰 도움이 되었다.

자기효능감, 즉 '하면 할 수 있다'라는 자신감을 일으키는 근본적인 요인은 성공 경험이다. 실제로 해보고 성공하면 자신감이 생긴다.

그러나 같은 일을 거듭해도 스스로 그 가치를 모를

때도 있다. 그럴 땐 다른 사람이 "굉장해!", "잘하네!"라고 칭찬하거나 전과 비교해 얼마나 성장했는지를 알려주면 그 값어치를 실감하고 '하면 할 수 있다'라는 자신감을 얻을 수 있다. 이것은 새로운 의욕을 만들고 또 불안을 낮추는 것으로 이어진다. 그러므로 '주위의 인정'이라는 형태의 피드백을 받는 게 필요하다.

참고로 앞서 소개한 생협 직원이나 고교 럭비 선수의 사례도, 주변 사람들의 인정을 받아 자기효능감이 높아진 게 의욕적으로 활동할 수 있게 된 가장 큰 원인이었다.

인사 평가의 빈 곳을 채워주는 '인정의 말'

최근 기업들은 '일하는 사람의 만족도'를 중요하게 여긴다. 기업 구성원의 만족도가 일에 대한 의욕이나 이직과 직결될 뿐 아니라 고객 만족도(CS)에도 영향을 준다고 보기 때문이다.

그런데 일본인의 일과 직장에 대한 만족도는 그리 높지 않다. 특히 처우와 그 기준이 되는 인사평가의 만족도가 낮은 게 현실이다.

20대부터 50대 정규직 사원을 대상으로 한 조사에 따르면, 인사평가에 불만('불만'과 '다소 불만'의 합계)이라는 대답이 33.7%로, 만족('만족'과 '다소 만족'의 합계)의 23%를 웃돌았다. 불만의 이유로는 '평가 기준 불명확'이라는 대답이 67%(복수 답변)로 두드러졌다.[7]

평가 기준의 불명확함을 개선하기 위해서는 수시로 피드백을 주고받고, 상대방의 업무를 인정하는 분위기가 필요하다. 이런 환경에서는 적어도 자신의 어떤 점이 얼마나 뛰어난지, 그리고 타인이 그걸 어떤 시선으로 평가하고 있는지 알 수 있기 때문이다.

자기 역할을 다하고 조직을 위해 공헌하면 상사나 주위 사람은 반드시 알아주리라는 신뢰감, 안도감이 바탕되면 어떤 이유로 승진이나 승급하지 못하더라도 결과를 받아들이기 쉽다. 이미 실력이나 공헌을 인정받았기에 반발심이 덜한 것이다.

업무 현장에서도 연구 결과에 부합하는 이야기가 들려온다. 예를 들면 대형 슈퍼마켓의 창고에서 상품을 포장하는 사람보다 매장 안에서 판매하는 사람들이 대우에 대한 불만이 훨씬 적다고 한다. 고객과의 커뮤니케이션 속에서 고객으로부터 일상적으로 많은 인정을 얻기 때문이다.

인정의 긍정적인 효과들

이제까지 봐왔듯 인정받으면 일과 학습의 (내발적) 동기부여가 높아진다. 또 자기효능감이 생겨 도전 의욕도 높아진다. 그것은 당연히 성적 향상과 이어진다.

한 대형 보험회사의 영업 담당자를 대상으로 한 연구에서 이것을 확인할 수 있다. 영업 담당자가 속해 있는 38개 부서를 A와 B 두 그룹으로 나눈 뒤 A그룹의 부서에서는 관리자에게 부하를 적극적으로 인정하거나 칭찬하게 하고, B그룹의 부서에서는 전과 마찬가지로 특별한 일은 시키지 않았다. 이런 조치를 하기 전과 시작하고 3개월이 지난 다음의 1인당 평균 월간 계약 건수를 비교해 보니 인정받은 그룹 쪽이 전과 같은 취급을 받은 사람보다 현저하게 성적이 좋아졌음을 알 수 있었다. 단순히 성적을 올리라고 격려하기보다 인정하거나 칭찬하는 게 성적 향상에 효과가 있음을 보여주는 실험이다.

동기부여와 도전 의욕이 높아지는 것 외에 인정으로 인한 효과가 또 있다. 합리적인 일 처리 방식을 익히는 것이다. 바른 방법, 합리적인 방법으로 일하며 성과를 낼 때 인정받거나 칭찬받으면 이후에도 그 방법을 취하게 되기 때문이다.

인정의 효과는 학습이나 일에만 국한된 건 아니다. 환자의 재활에 대한 칭찬 효과를 밝히기 위해 실시한 미국, 일본, 독일 등 7개국의 공동 연구에서는 걷기 재활 치료를 받은 후 칭찬받은 환자는 칭찬받지 않은 환자보다 걷는 속도가 25% 이상 빨라졌다는 결과를 얻었다.[8]

일본 미에현에 있는 난부자동차학교 사례도 있다. 이곳은 '한껏 칭찬하는 교육소'로 알려져 있는데 '칭찬' 교육을 시작하고 나서 졸업생의 사고율이 반 이하로 줄고, 운전 면허 합격률도 3년 간 4.5% 늘었다고

한다.⁹

 인정에는 이직을 억제하는 효과도 있다. 그것을 알려주는 에피소드와 조사 결과는 많다. 해외의 한 조사에서는 종업원의 퇴직 이유 1위를 '칭찬이나 감사의 말 부족'으로 꼽았다.¹⁰ 이런 이야기도 있다. 예전에 일본을 대표하는 어떤 대기업에서 젊은 사원이 대량 이직하는 일이 있었다. 그들의 사연을 추적 조사한 결과, 상사나 선배가 너무 바빠 팀원들이 한 일을 제대로 인정해주지 않았던 게 중요한 이직 사유였다는 것을 알아냈다고 한다.

 그리고 병원 간호사를 대상으로 내가 한 연구 프로젝트에서도 인정에는 이직을 억제하는 효과가 있음을 알 수 있었다. 인정받은 사람들은 그렇지 못한 사람에 비해 '출근하려면 우울해진다', '가끔 일을 그만두고 싶을 때가 있다'라는 값이 유의미하게 낮았다.

 많은 병원에서 간호사의 이직을 막는 것을 큰 과제로 생각하고 있다. 그 때문에 실제로 직장에서 간호사를 칭찬하도록 하거나 표창 제도를 도입하는 병원이 늘어나는 추세다. 연구 결과는 그런 대응에 효과가 있음을 시사하고 있다.

한편 유치원에서도 최근 '몬스터 페어런츠(monster parents)'[c]의 존재가 문제가 될 정도로 보호자로부터의 민원과 요구가 많아졌다. 그 비난의 화살 끝에 서 있는 교원 대다수는 아직 스무 살 전후의 젊은 여성이다. 그들 중에는 보호자의 심한 말과 행동을 견디지 못하고 그만두는 사람도 적지 않다.

한 사립 유치원은 매년 두 자릿수의 교원이 그만두는 비상 사태에 빠졌다. 그래서 원장은 하루에 몇 번씩 직원의 일을 인정하는 말을 하기로 했다. "당신들이 하는 일은 정당하니 자신감을 가지세요"라고. 그리고 "이렇게 심한 말을 듣고도 최선을 다해주니 정말 고마워요"라는 감사의 말도 덧붙였다. 그러자 놀랍게도 이직자가 큰 폭으로 줄었다.

이직을 줄이는 일은 일반 기업도 직면해 있는 과제이다. 여기서 내놓은 데이터와 에피소드가 증명하듯

---

c 투서와 고발 등 악성 민원으로 교사를 괴롭히는 학부모들을 뜻하는 말 -편집자 주

인정은 이직을 막는 데 일정한 효과가 있다.

그 밖에도 인정의 다양한 효과를 입증하는 연구는 많다. 인정하는 말을 자주 하자 조직에 대한 일체감과 공헌 의욕이 높아지고 회사를 위해 쓸모 있는 사람이 되겠다는 감각도 강해졌다. 유치원생의 경우에는 인정받는 말을 자주 들을수록 '나도 잘하는 게 있다'라는 자각을 가지게 되고 웃는 일이 잦아졌다.

파생 효과도 있다. 우선 인정받아 자기효능감이 높아지면 그에 따라 우울증이나 번아웃이 억제될 가능성이 있다. 실제로 자기효능감이 높은 사람은 낮은 사람보다 스트레스가 적어, 우울 상태나 불안이 적은 경향이 있다.[11]

또 인정이 기업이나 관공서의 조직적 부정을 억제하는 효과가 있다는 연구 결과도 있다.[12] 연구에 따르면 '직업적 자존심'이 높은 사람일수록 일탈을 하지 않는 경향이 있다. 자긍심과 자존심이 부정을 허락하지 않기 때문일 것이다. 그리고 그 직업적 자존심은 인정으로 인해 높아진다. 다시 말해, 인정받으면 자신감과 자긍심이 높아지고 그것이 정신 건강과 부정 억제에 좋은 영향을 준다는 것이다. 다만 인정과 부정의 관계는 그렇게 단순하게만 설명할 수 없는 부분이 있어서 뒤에서 더 자세히 살펴보겠다.

이렇게 인정은 인정받는 당사자만이 아니라 주위와의 인간관계나 직장의 분위기, 나아가 고객과의 관계 등에도 좋은 영향을 미친다. 동료끼리 서로 칭찬하는 분위기의 직장, 혹은 고객에게 받은 감사의 말이나 서비스 평가를 스태프에게 전해주는 매장에서는 그 점을 증명하는 이야기를 많이 가지고 있다. 그중에는 고객의 민원이 눈에 띄게 줄어든 사례도 있었다.

인정받을수록 불안한 마음

인정, 즉 타인을 인정하는 것, 주위의 인정을 받는 일은 지극히 좋은 일 같다. 그러나 그것은 겉모습일 뿐이고 이면도 존재한다.

이렇게 말하면 바로 '칭찬하면 오만해진다'라거나 '칭찬받는 게 목적이 되어서 칭찬해주지 않으면 노력하지 않는다'같은 말이 떠오르는가?

고등학생을 대상으로 한 연구에서 '인정이 공부에 관한 관심과 불안을 높인다'는 사실이 밝혀졌다. 이 척도 안에는 '시간을 잊고 공부에 집중한 적 있다', '공부하면 자신의 능력이 더 성장할 것이다'라는 항목 외에 '진학이나 취직 시험 보는 게 불안하다', '공부와 생활에서 초조했던 적이 있다'라는 항목도 포함되어 있다. 즉 학교에서 교사에게 인정받거나 칭찬받으면 공부에 관한 관심이 높아지고 자신도 생겨 '열심히 해 보자'라는 마음이 든다. 그러나 다른 한편으로는 관심이 너무 집중된 나머지 잘되지 않았을 때의 불안과 초조함도 생긴다. 인정욕구의 어두운 면의 일부가 드러난 조사다.

이어 할 이야기는 인정에 대한 더 심각하고 보편적인 문제이다. 게다가 그것은 지금까지 얘기한 인정의 긍정적인 효과와 뗄레야 뗄 수 없는 관계에 있다. 예를 들면 빛의 곁에 반드시 그림자가 붙어 있는 것과 마찬가지다.

2. 왜 사람들은 인정받고 싶어 할까?

머리말에 썼듯 나는 20년 전부터 인정욕구에 주목하면서 연구를 해왔다.

내가 인정욕구에 관심을 가지게 된 이유는 학교에서 직장에서 일상 생활을 하면서 사람들을 관찰하다 보니 사람들의 태도나 행동이 얼마나 '인정받고 싶다'라는 의식·무의식에 강한 영향을 받고 있는지 실감했기 때문이다.

인정욕구에 의해 움직이는 사람들

나는 젊었을 때 공무원으로 일한 경험이 있다. 당시 나는 관리직에 있는 사람들을 보며 '말과 행동의 70% 이상은 출세를 의식한 것으로 보인다'고 생각했다.

그중에는 오로지 출세를 위해 노력하는 모습도 있었겠으나, 주위의 칭찬을 바라는 언동도 있었다. 또 자신의 성격이 얼마나 원만한지를 드러내기 위한 노림수나 상대를 끌어내리려는 의도가 훤히 보이는 것, 노골적인 아첨도 포함되어 있었다.

한편으로 인정욕구가 채워지지 않을 때는 선망과 질투, 나아가 고집과 체면이라는 굴절된 형태로 인정욕구가 드러나는 일도 있었다. 사이가 좋았던 동기가 먼저 승진하면 갑자기 대화를 단절해버리는 사람도 있었고, 자기 모르게 부하 직원의 인사 이동이 결정됐다는 사실만으로 분노하고 심지어 필사적으로 인사 이동을 방해하는 사람도 있었다.

그중에는 경쟁에서 등을 돌리고 출세나 명예에는 냉담한 척하는 사람도 있었다. 그러나 그들도 직장에서 벗어나면 국가의 관리직이라는 점을 내세우며 마을 모임을 마음대로 운영하거나 동호회에서 열정적으로 자기 주장을 펼치기도 했다. 또 직장에 여성이 적었던 시대에는 '홍일점'으로 주위의 관심을 받거나 '여장부'로 존재감을 드러내며 만족하는 사람도 있었다.

이런 경험과 지식을 바탕에 두고, 연구자로서 여러 기업의 현장에 들어가 관리직과 직장 리더들의 이야기를 들었다. 거기에서도 사원 대다수가 인정욕구에 강하게 반응한다는 이야기를 종종 들었다. 특히 '매슬로의 욕구 단계 이론'을 아는 사람들은 "가장 높은 단계인 자기실현 욕구보다 인정욕구에서 동기부여를 찾는 사람이 압도적으로 많다"라는 말을 자주 했다.

이것은 직장에만 국한된 얘기가 아니다. 우리 일상생활에서도 인정욕구가 얼마나 강력하며, 사람들의 행동이나 인간관계에 강력한 영향을 미치는지 알 수 있다. 이를테면 가정에서의 부부싸움이나 부모와 자식, 형제, 고부 갈등도 그 안을 들여다보면 고집이나 체면, 자존심 같은 인정욕구가 자리잡고 있다. 상대의 존엄을 손상하는 말 한마디에, 제삼자 앞에서 수치스러움을 주는 단 한 번의 행동에 인간관계에 금이 가는 일이 적지 않다.

이것은 최근의 경향이 아니다. 예로부터 인정욕구의 강력한 힘을 예리하게 간파한 철학자와 사상가들이 있다. 17세기의 철학자이자 사상가인 파스칼은 이렇게 말했다.

"인간의 가장 비열한 점은 명예를 추구한다는 것이다. 하지만 이것이야말로 우월함을 드러내는 가장 큰 표시이다.
인간은 지상에서 아무리 많은 재산을 소유하더라도, 아무리 건강과 생활의 안정을 유지하더라도 타인의 존경을 받지 못하는 한 만족하지 않는다."[13]

철학자이자 정치학자인 토머스 홉스(Thomas Hobbes)는 인간이 지닌 자긍심(영예)이 모든 싸움의 원인이라고 간파했다. 오늘도 국가와 민족, 종교 사이의 분쟁 대다수는 명예나 자긍심이 깊이 연관되어 있을 때가 많다. 요컨대 우리 일상생활에서 국가 관계까지 모두 인간의 인정욕구에 좌우되고 있다고 해도 지나치지 않다.

인정이 주는 달콤한 대가가
우리를 인정에 중독되게 한다

우리는 왜 인정받고 싶어 할까? 그것은 '인정욕구'가 여러 요소로 이루어져 있으며 유무형의 다양한 대가와 연결되어 있기 때문이다.

매슬로가 말했듯 인정욕구는 타인에게 인정받고 싶은, 내가 가치가 있는 존재임을 인정받고 싶은 욕구이다. 인정욕구는 일상에서 '출세하고 싶다', '명예나 명성을 가지고 싶다'는 욕망으로, 자신의 존재를 어필하려는 과시욕으로, 때로는 일상적으로 자신의 개성이나 능력, 노력을 인정받고 싶은 감정으로 드러난다. 아테네 올림픽에서 동메달을 딴 마라톤 선수 아리모리 유코의 인터뷰로 유명해진 "나 스스로를 칭찬하고 싶다" 같은 마음일 때도 있다.

그리고 인정받고 싶다는 욕구가 직접 채워지지 않을 때는 다른 사람에 대한 선망과 질투, 고집 같은 굴절된 형태로 표면화되기도 한다.

한편 인정은 다른 욕구를 채우고 다양한 목적을 달성하기 위한 수단이 될 때도 있다. 앞서 이야기했던 것처럼 인정받음으로써 자기효능감을 얻어 일이나 활동이 즐거워지고, 내발적인 동기부여가 높아진다.

인정욕구를 '존경·자존의 욕구'라고도 하듯 타인의 인정과 자기 인정은 불가분의 관계에 있다. 아무리 스스로 자신의 가치를 인정하려고 해도 사회적 동물인 인간은 타인이나 주위의 인정을 받지 못하면 자신을 인정하기 어렵다. 그러니까 인정은 거울과 같은 것이다. 거울을 통해야만 자신의 얼굴과 모습을 보는 것과 마찬가지로, 타인과 주위의 인정을 받아야 비로소 자신의 실력과 실적을 인지하고, 그것이 얼마만큼의 가치가 있는지 이해할 수 있다.

타인의 인정을 받으면 발언력과 영향력도 당연히

커진다. 그러면 더 큰 일이나 하고 싶은 일을 할 수 있는 권한을 얻게 된다. 또 타인을 지배하려는 지배욕이나 이성에게 호감을 얻고 싶은 욕망도 어느 정도 채울 수 있다.

게다가 인정을 받으면 유형, 무형의 수익이 따라올 때가 많다. 그에 따라 당연히 의식주에 관한 생리적 욕구나 안전·안정의 욕구도 충족할 수 있다. 그렇게 사회적으로 인정받음으로써 자기실현, 즉 자신의 잠재적인 능력을 발휘할 수 있다는 실감을 갖는다.

물론 인간에게는 이기적인 측면만이 아니라 타인과 사회를 위하려는, 타인을 즐겁게 하려는 이타적인 감정도 있다. 그러나 그 역시 인정과 관계가 없는 것은 아니다.

실제로 간호나 간병 같은 일을 하는 사람들은, 노력이 결과로 이어지지 않더라도, 상대와 그 가족의 감사를 받으면 무력감이나 피로감에서 벗어날 수 있다. 그러니까 자신이 상대와 사회에 도움이 된다는 점을 확인하고 기뻐한다는 것을 실감하기 위해서라도 감사나 존경이라는 형태의 인정을 얻는 게 필요한 것이다.

이처럼 인정받으면 유무형의 다양한 것을 얻을 수 있다. 그리하여 인간은 인정받기 위해 애쓴다.

여기까지 알고 나면 애초에 '인정욕구'는 어떤 '동기'이지 순수한 의미에서의 '욕구'라고는 부를 수 없다고 생각할 수도 있겠다. '욕구'란 본래 인간의 내면에서 나오는, 이른바 본능에 가까운 성질이기 때문이다.

실제로 아직 뭔가를 획득하는 수단으로서의 가치를 충분히 인식할 수 없는 유아나 개와 고양이 같은 동물도 칭찬하면 좋아할 때가 있다. 동물 사진가인 이와고 미쓰아키는 "칭찬하듯 만져주면 고양이는 기분이 좋아진다"라고 말했다. 따라서 인정은 욕구라는 견해도 부정할 수 없다. 사실 지금 여기에서 인정욕구가 엄밀한 의미에서 욕구인지 아닌지를 깊게 탐구하는 일은 생산적이지 않다. 그러므로 이 책에서는 더 들어가지 않고 종합적으로 '인정욕구'라고 부르기로 하자.

3. 인정받기 위해서라면 목숨까지 거는 사람들

인정의 혜택은 무궁무진하다. 그만큼 '인정욕구'는 강력한 힘으로 인간을 움직인다. 그러나 강력한 약은 부작용도 크기 마련이다. 인정의 혜택이 무궁무진하다는 말은 그 부작용도 무궁무진하다는 걸 의미한다. 그게 얼마나 위험할까? 인정욕구의 위험성을 '병'에 빗대어 설명하고자 한다.

인정받기 위해 스토리를 만든다

일반적으로 성형외과는 외모에 콤플렉스가 있는

사람 혹은 더 아름다워지고 싶은 목적을 가진 사람이 찾을 것이라 예상하지만, 실제로는 그렇지 않다고 한다. 성형외과에 오는 사람을 보면 '미인'으로 분류되는 사람이 압도적으로 많다. 그들은 의사가 "시술할 필요가 없어요"라고 하면 좋아하며 돌아간다. 많은 환자를 봐온 '아름다움의 전문가'에게 인정받으려고 병원을 찾는 것이다. 아마 돌아가서는 친구나 지인에게 그 사실을 자랑할 것이다.

비슷한 사례로 실패를 드러내다가도 어느새 자랑으로 방향 전환하는 것을 잘하는 사람이 있다.

"우리 아들은 초등학교 때부터 달리기만 하면 꼴등이었고 성인이 되어도 여자 친구 하나 없으니 정말 못났지 뭐야? 도쿄대에는 그런 애들이 많다더니, 우리 아들이 딱 그 꼴이야"라거나 "내가 젊었을 때는 상사에게 대들거나 고객과 싸워 시말서를 쓰기도 했지. 정말 실패의 연속이었다니까. 그래도 이렇게 전무까지 되다니, 나도 참 어지간해"라는 말이 그런 예이다.

또 일부러 자신의 높은 지위나 경력을 숨기고 있다

가 진실이 밝혀졌을 때 상대의 놀라는 반응을 즐기는 사람도 있다.

누구나 능력, 실적, 용모, 학력, 사회적 지위 등 자신이 자랑으로 생각하는 부분을 인정받고 싶을 것이다. 그중에는 솔직하게 자랑하는 사람도 있다. 그러나 위의 예처럼 인정받기 위해 머리를 굴리는 사람들도 있다. 그런 이들을 마주할 때면 살짝 병적인 분위기가 느껴지기 마련이다.

이들은 솔직히 드러내면 빈축을 산다는 걸 알기에 일부러 돌아가는 전략을 취해 인정받으려고 한다. 그만큼 다른 사람에게 인정을 받겠다는 집착이 강한 것이다.

그래도 이들은 다른 사람에게 피해를 주거나 범죄에 가담하는 게 아니니까 사회적으로는 일단 정상적인 범주 안에 들어간다. 그런데 '정상적'인 범주 안에서 인정욕구를 채우지 못하면 선을 넘을 때가 있다.

병적인 인정중독

SNS에서 주목을 받기 위해 아르바이트 직원이 식품에 장난을 하거나 일부러 위험한 행동이나 파렴치한 행위를 해 동영상 사이트에 올리는 예는 단순하고 한심한 동기가 이성으로 억제되지 못했다는 점에서 그야말로 병적이라 할 수 있다.

그게 명백한 범죄 행위가 되면 당연히 '병'의 심각성은 올라간다. 세상을 놀라게 하는 사건 중에는 '인정받고 싶다'라는 마음이 고스란히 드러난 사례가 많이 있다.

1997년에 일본 고베에서 일어난 아동 연쇄 살인 사건[d]이 그 예이다. 당시 중학교 3학년이었던 범인은 진술서에 이렇게 적었다. "투명한 존재로만 있는 나를, 적어도 당신들의 공상 속에서만이라도 실존하는 인간으로 인정받고 싶었다."

그리고 앞서 언급한 2008년의 아키하바라 묻지 마

---

[d] 14세의 중학생이 초등학생 2명을 잔인하게 살해하고 전시하여 일본 열도를 떠들썩하게 했던 사건. -편집자 주

살인 사건 또한, 사회적으로 인정받지 못한 자신의 존재감을 과시하려는 동기가 내재되어 있다.

이처럼 세상의 주목을 받고 싶고 존재감을 과시하고 싶은 동기로 벌어진 사건은 손꼽을 수 없을 정도로 많다.

위대한 부모 아래에 사고뭉치 아이가 많은 이유

무엇보다 이런 사례는 개인의 특수한 배경과 본인의 이상한 사고가 배후에 있다. 그러나 그들과 '정상적인' 사람들 사이에 분명한 경계선을 그을 수 있을까?

놓쳐선 안 되는 점은 지극히 정상적인 가정이나 직장, 학교에서 표면적으로는 지극히 일반적으로 지내고 있는 이면에서 '병'이 진행되는 일이 적지 않다는 점이다.

TV 프로그램에서는 연예인이나 유명인의 자녀가 일으킨 사고가 종종 다뤄져 세간의 이목을 끈다. 아무리 세상에 연예인이나 유명인이 많다고 해도 그 빈도가 너무 높다고 여기는 사람이 적지 않을 것이다. 그리고 사건을 일으킨 본인이나 부모 입에서 종종 부모와 비교되는 등 '위대한' 부모의 존재가 어떤 형태로든 영향을 줬다고 덧붙여진다.

'부모가 너무 받아주며 키웠다'라고 변명하는 사례도 있는데 거꾸로 의식적으로 엄격하게 키운 예도 있다. 다양한 정보를 통해 종합적으로 해석해보면 근본적인 원인은 '아이가 나설 무대가 없었다'는 점이다.

부모가 위대하거나 유명하면 그 아이는 아무래도 부모와 비교당하므로 어지간히 노력해도 주목받지 못하고 칭찬도 받지 못한다. 세상의 인정을 받지 못하는 건 그래도 괜찮다. 가장 견디기 힘든 것은 가정에서의 존재감이 적다는 점이다.

부모와 자식은 원래 사춘기 때 가족으로부터의 인정을 두고 갈등하게 된다. 아들은 어머니에게, 딸은 아버지에게 인정받으려고 한다. 그런데 라이벌인 아버지와 어머니의 존재감이 너무 크다면 아무리 노력해도 이길 수가 없다. 또 사회에 나가 돈을 벌어도 가족에게는 그다지 큰일이 아니므로 경제적으로 공헌할 수도 없다. 그중에는 자기 자식에게 "아버지가 많이 벌 테니까 너는 돈 걱정하지 말아라"라고 아무렇지도 않게 말하는 부모도 있다. 어쨌든 위대한 부모를 둔 아이는 인정받을 기회가 부족한 것이다.

정당한 방법으로 아무리 노력해도 인정받지 못하면 기발한 행동을 하거나 나쁜 짓을 해서라도 주위의 관심을 끌어 존재감을 드러내는 수밖에 없다. 혼나는 게 무시당하는 것보다는 낫기 때문이다.

하지만 진짜 고민은 좀 더 깊은 곳에 있다. 혼나든 칭찬을 받든 주위가 반응하지 않으면 자신을 알 도리가 없다. 성장 과정에 있는 청소년에게는 자신을 모른 채 살아가는 것만큼 불안한 일이 없다. 그러니 자신의 존재감을 알리기 위해 일탈을 시도하는 것이다.

매년 이어지는 성인식 소동이나 SNS에서 문제 행동을 일으키는 젊은이들도 대부분은 평소에는 아주 평범하게 생활하는 사람들이다. 그러나 숨겨진 인정 욕구, 무엇보다 자신을 알고 싶다는 소박한 욕구가, 그들을 반사회적인 행동으로 내달리게 한다.

인정받기 위해 위험을 감수한다

어떤 사람들은 인정받기 위해 자신의 목숨을 위험하게 하는 행동까지 저지른다. 그것을 증명하는 다음과 같은 실험이 이루어졌다.

발달심리학자인 로렌스 스타인버그는 비디오 게임을 이용해 친구가 같이 있을 때와 없을 때 운전에 어떤 차이가 생기는지 실험했다. 그 결과 10대 젊은이는 혼자 있을 때는 성인처럼 차분하게 운전하다가 또래 친구가 보면 2배의 위험을 감수했다. 참고로 성인은 친구가 봐도 큰 변화가 없었다.[14] 일본에서도 10대 젊은이의 무모한 교통사고가 끊임없이 일어나는데 대부분은 혼자가 아니라 또래 친구가 같이 탔을 때 일어난 것이다.

그런데 젊은이들이 이렇게 위험 부담이 큰 행동을 하는 것이, 인류의 발전에 도움이 되었다고 스타인버그는 해석한다. 젊은이들은 안전하지 않은 일에 적극적으로 도전하도록 요구받는다. 위험이 큰 어른들의 사회에 미리 적응하라는 뜻이다. 대담한 해석이지만,

생물학적으로 생각하면 맞는 말일지도 모르겠다.

만약 그렇다면 종의 보존이라는 의미에서 젊은이에게는 동성보다 이성의 인정을 받는 게 더욱 중요할 것이다. 이 가설을 뒷받침하듯 남성은 자신의 용감함을 여성에게 보여주기 위해 무모한 행동을 할 때가 있다. 특히 사람들 앞에서 약점을 드러내지 않으려고 제때 물러서지 못해 폭력 사건 같은 문제 상황에 휘말리는 사례도 있다. 말싸움이 벌어졌을 때 '상대가 커플이라면 조심하라'는 말은 그 때문이다.

인정욕구 통제하기

인정욕구는 불치병 같은 것일까? 그렇지만은 않다. 인정욕구가 유발하는 반사회성에 집중하지 말고, 개인의 욕구에 초점을 맞추면 문제는 조금 가벼워진다.

인정받고 주목받기 위한 기이한 행동이나 문제 행동이 사회적으로 문제를 일으킬 때도 있지만, 결국은 자기 의지로 하는 일이다. 적어도 개인적으로는 인정욕구를 스스로 어느 정도 통제하고 행동도 조심할 수 있다는 것이다. 무엇보다 명확한 대책도 있다. 말하자면 인정받을 기회가 더 늘어나면 인정욕구를 채우기 위한 무리한 행동을 방지할 수 있다.

그런데 스스로 인정욕구를 통제할 수 없을 때가 있다. 처음에는 통제할 수 있었는데 어느새 통제할 수 없는 상황이 되거나, 인정욕구와는 전혀 관련이 없다고 생각했던 사람이 실은 남몰래 인정욕구로 고민하는 일이 있다. 모두 인정욕구로 인한 강박, 혹은 인정욕구에 집착하는 상태이다. 그것은 스스로 통제할 수 없다는 점에서 더욱 위험하고, 의식하지 못하는 만큼 누구나 그런 상태에 빠지기 쉽다. 병으로 예를 들자면 암이나 동맥경화가 몸 속에서 조용히 진행되는 것이나 마찬가지다. 따라서 증상 치료가 아니라 근본적인 치료가 필요하다.

다음 장에서는 그 '병'의 증상과 원인에 대해 자세히 얘기하고자 한다.

2장

'인정받고 싶다'가
'인정받아야만
한다'로 바뀔 때

——— 1. 인정과 칭찬이 위험하다

앞장에서 설명했듯 인정욕구는 인간에게 매우 강력한 욕구이다. 우리는 타인으로부터 인정받는 말이나 행동을 받음으로써 직접 그 욕구를 채우거나 유무형의 보수를 획득해 인정과 관련된 다양한 욕구를 채운다. 또 인정욕구를 통해 존경이나 신뢰라는 호의적인 인간관계도 구축한다.

그런데 때로는 타인의 인정으로 인해 얻은 보수나 인간관계에 과도하게 집착하게 된다. 심지어 그것으로부터 쉽게 벗어날 수 없다. 말하자면 '인정욕구의 덫'에 빠지는 것이다.

학생들을 대상으로 설문조사를 한 결과, 무려 3분의 1이나 되는 학생이 인정욕구에 과도하게 집착하게 된 경험이 있다고 답했다. 그것 때문에 시험에 실패하거나 등교하지 않는 학생도 있었다. 미슐랭 별 3개를 딴 것과 올림픽에서 동메달을 딴 게 계기가 되어 자살한 사람도 그 배후를 자세히 들여다보니 인정욕구의 덫이 있었다.

겉보기에도 티가 나는 명예욕이나 과시욕과 달리, 아주 평범한 사람이 소소하게 품는 '인정받고 싶다'라는 생각이 그렇게 우리를 궁지로 몰아붙인다. 의외라고 생각할지 모르겠으나 그게 중증으로 나아가는 사례도 적지 않다.

이번 장에서는 강박적인 인정욕구가 왜 생기고 어떤 형태로 나타나는지, 왜 강박에서 도망칠 수 없는지를 설명한다.

성과를 내는 직원이 오래 근무하지 못하는 이유

간호사가 부족하다며 고충을 토로하는 병원들이 점점 더 많아지고 있다. 결원이 생겨도 좀처럼 새로 채용할 수 없는데다 힘들게 채용해도 오래 근무하지 않는 경우가 많은 것이다. 특히 젊은 간호사와 자녀를 둔 사람을 어떻게 계속 근무시킬지가 큰 과제다.

그에 대한 대책으로 처우나 자녀 양육 환경의 개선과 함께 최근 주목받고 있는 것이 '인정'이다. 일이나 성과에 대해 적극적으로 칭찬할 뿐만 아니라 표창 제도를 적극적으로 활용하는 것이다.

한 병원에서는 매년 우수 직원을 선발해 표창했다. 수상자에게는 상당히 많은 액수의 상금이 주어졌다. 그런데 이상하게도 우수 직원 다수가 표창을 받은 후 비교적 짧은 기간에 퇴직했다고 한다. 계속 잘 일해달라는 뜻에서 우수 직원 제도를 마련했는데 우습게도 완전히 반대의 효과가 나고 만 것이다.

이 말을 들었을 때 나는 원인으로 3가지 가능성을 생각했다.

첫째는 표창을 받을 정도로 자신은 시장가치가 있다고 착각해 더 대우가 좋은 곳으로 이직했을 가능성이다. 그러나 실제 사례를 조사해 보니 그 가능성은 낮았다.

둘째는 주위의 시샘을 견디지 못한 게 아닐까 하는 가설이다. 일부에서는 "우수 직원이니까 이 정도는 해"라는 말을 들었다는 얘기도 있었다. 그러나 수상자 대부분은 우수하고 근면해서 그런 험담을 들은 사람은 오히려 소수였다.

가장 가능성이 높은 것이 세 번째 가설이다. 그 미스터리를 푸는 힌트는 우리가 종종 경험하는 다음과 같은 장면에 있다.

우리를 쥐락펴락 하는 '칭찬 사기'

신문 전단 광고에 있는 저렴한 양복을 사러 백화점에 간다. 세일 코너에서 저렴한 자켓을 입어보고 있는데 점원이 다가와 이런저런 조언을 해준다. 잡담을 나누다가 점점 허물없어져 기어이 "격식을 차려야 하는 자리에서 입을 거라"라든가 "일개 사원일 때는 싸구려 양복을 입어도 괜찮았는데" 같은 괜한 말을 하고 만다.

점원은 그 말을 절대 놓치지 않고 "지위가 있는 분이니까"라거나 "품격이 있으시니까"라고 추켜세우며 더 고급 양복을 권한다. 결국은 기분이 좋아져 예산을 크게 웃도는 양복을 사고 만다. 게다가 점원이 자신이 좋아하는 스타일이었던 터라 실실 웃으며 기어이 고가의 셔츠와 타이까지 세트로 사는 지경에 이른다.

손님을 갈취하는 술집에서 바가지를 쓰거나 화려한 영업 기술에 예상치 못한 지출을 하게 되는 이유 역시 잘 보이고 싶다는, 소소한 인정욕구에 휘말렸기 때문이다.

이런 경우는 어떤가. '학부모회 임원 같은 건 절대 맡지 않을 거야'라고 다짐하고 학부모회 총회에 참석했다. 모임이 시작되고 드디어 회장을 선출하는 순서가 되자 예상했던 대로 모두가 고개를 숙이고 자기가 호명되지 않기를 기도하고 있었다. 그때 갑자기 어떤 사람이 "인망이 두터운 ○○씨를 꼭 추천하고 싶다"라고 발언한다. 그러자 여기저기서 찬성의 소리가 나왔다. 그러면 절대로 맡지 않겠다는 결심은 흔들리고 '뭐, 해도 괜찮지 않을까?' 하는 기분이 든다. 결국은 처음 했던 다짐은 어딘가로 사라지고 가장 힘든 회장직을 맡아버렸다.

그리고 회장이 되자 주위 사람들이 '회장님'이라며 추켜세우고 든든하게 생각한다. 그게 기분 좋기도 하고 보람도 상당하다. 정신을 차리니 일도 가정도 뒤로 미루고 학교 일에만 정신을 팔고 있다.

반대의 사례도 있다. 영화관의 표 파는 곳에서 초로의 신사가 차분한 표정으로 티켓을 끊고 있었다. 손님의 인상을 살핀 직원이 "60세 이상이시라면 우대 할인을 받으실 수 있는데요"라고 말했다. 그러자 남성이 갑자기 인상을 쓰면서 "쓸데없는 말 말고 표나 주시오!"라고 호통을 쳤다는 것이다. 옆에서 이야기를 듣던 지인은 너무 웃겨 웃음을 터뜨릴 뻔했다고 한다. 남성은 아주 사소한 인정욕구를 채우지 못한 데 분노하며 추태를 보여 뜻밖의 '마이너스의 인정'을 얻은 것이다.

한편, 늘 인정받기를 바라던 사람이 마침내 인정을 받자 이번에는 인정받은 탓에 괴로워하는 아이러니한 상황도 종종 벌어진다.

50대의 한 여성은 중년에 접어든 후 '젊게 보이고 싶다'라는 간절한 마음을 품기 시작했다. 젊음을 유지하려고 열심히 피부관리실과 체육관을 다니고 머리 스타일과 옷도 진짜 나이보다 10살에서 20살 정도 젊게 했다. 그런 노력이 통했는지 새로 이사한 동네의 이웃과 체육관에서는 그를 40세 전후로 봐주었다. 그런데 인정을 받으며 점차 '진짜 나이를 알면 사람들이 환멸을 느끼지 않을까?'라는 불안에 사로잡히기 시작했다. 그리하여 사람 만나는 게 두려워졌다. 결국 그녀는 집에 틀어박히게 되었다.

학생 셋 중 하나는 칭찬 감옥을 경험했다

특히 아이의 경우 어른과의 사이에 확실한 상하 관

계가 존재한다. 그래서 어른에게 인정받거나 칭찬받으면 거기에 더 집착하는 사례가 종종 있다. 잘못하면 그게 진로나 장래에 어두운 그림자를 드리운다.

구체적인 예를 소개하기 전에 그게 얼마나 우리와 가까운 문제인지를 살펴보자.

2018년 9월, 내 수업을 받던 학생(대부분이 대학 2학년)들에게 '타인에게 인정받거나 사회적 평가를 받은 게 부담감이 됐던 경험이 있나요?'라고 질문했다. 그러자 응답한 272명의 3분의 1에 해당하는 89명이 '있다'라고 답했다. 아직 사회에 나가기 전인 20대들도 이미 인정욕구의 덫에 빠져 있는 것이다.

한 교사에게 들은 이야기도 소개하고 싶다. 그가 가르치던 학생이 고등학교와 재수 생활을 돌아보며 다음과 같이 말했다고 한다.

> 저는 고등학교 2학년 때까지 동아리 활동에 빠져 친구들과 노래방에 가는 등 빈둥대며 지냈어요. 그러다 3학년이 되면서 심기일전하여 동

아리도 그만두고 열심히 공부에 매달렸습니다. 그러자 성적이 눈에 띄게 좋아져 성적 우수자로 칭찬을 받게 되었죠. 그때마다 주위에서 "우와!"라는 소리가 나왔습니다. 솔직히 이런 쾌감을 맛본 일은 그 전에도 후로도 없었습니다.

이대로 가면 일류 대학에 들어갈 수 있겠다며 담임 선생님과 부모님, 친척들까지 저를 주목했고 "○○이는 대단해!"라는 소리가 여기저기서 들려왔습니다. 저는 한껏 들떠 있었습니다.

그러나 시험이 다가오자 다른 학생들도 공부에 집중하기 시작했고, 아무리 노력해도 전과 같은 성적이 나오지 않았습니다. 하지만 '기대에 부응해야 해'라는 생각은 날마다 강해졌습니다. 그게 점점 심리적인 부담으로 변해 공부도 모의고사도 무척 고통스러웠습니다.

지금 생각해 보면 고등학교 2학년 때까지 주위의 칭찬을 듣거나 주목을 받은 경험이 거의 없었기 때문에 '기대에 부응해야 해'라는 부담감이 더 강했던 것 같습니다.

그리고 드디어 대학 시험 날이 왔습니다. 시험을 생각만큼 잘 치지 못해 유감스럽게도 불합격했습니다. 내심 예상했던 결과인데 틀림없이 붙으리라 믿고 있던 부모님과 선생님은 그 결과에 무척 낙담한 듯 보였습니다. 저는 입시에 떨어졌다는 사실보다 주위에 실망을 안겼다는 점이 더 괴로웠습니다.

어쩔 수 없이 재수를 시작했는데 입시에 떨어진 뒤로 저는 부모와 선생님, 친척들의 관심 밖으로 밀려났죠. 처음에는 그게 너무 속상했는데 곧 어깨의 짐을 내려놓은 것 같아 활기를 되찾았고 점점 공부 의욕도 샘솟았습니다. 기대를 모았던 고3 시절과 달리 공부가 즐거워지는 불가사의한 경험까지 했습니다. 그러자 성적도 회복되어 원하는 대학에 턱하니 붙었습니다.

때로는 질책보다 칭찬이 위험하다

공부 이외의 경험을 말하는 학생도 많다. 한 학생은 초등학교부터 중학교까지 지각과 결석을 한 번도 하지 않았다. 부모는 그걸 정말 자랑스러워했고 주위에도 떠들고 다녔다. 그런데 고등학교에 들어가자 그게 너무 부담되어 점점 학교에 가기 싫어졌다. 그러고 마침내 학교를 빼먹고 공원에서 어슬렁거리며 시간을 보내기에 이르렀다. 그 일을 부모님이 알았지만 혼난 것도 아닌데 학교에 가지 않게 되었고 결석이 이어져 졸업조차 위험한 상황에 이르렀다.

또 다른 학생은 수영을 잘해서 중학교 때는 지역 기록을 매번 갈아치우며 대회에서 우승했다. 그에 따라 코치의 기대도 높아져 지역 대회, 전국 대회로 목표도 점점 높아졌다. 그러나 점점 자신을 위해서가 아니라 코치를 위해서 노력하는 게 아닐까 하는 생각이 들자, 코치의 기대와 반비례로 수영하는 즐거움이 사라지더니 경기 성적도 떨어졌다.

어릴 때는 그림을 잘 그렸는데 어른들의 칭찬을 받

다 보니 어느새 개성이 사라졌다거나, 성적이 잘 나와 칭찬받다 보니 '지시만 기다리는 사람'이 되었다는 이야기도 많이 들을 수 있었다.

동아리 회장이나 학생회 임원으로 뽑혔을 때 리더답게 행동해야만 한다는 주위의 기대에 큰 부담감을 느낀다는 학생도 생각보다 많다. 그리고 때로는 그것이 돌이킬 수 없는 비극으로 이어진다. 학생 A의 친구 B는 고등학교 때 학생회장으로 뽑힐 정도로 주위의 인망이 두터웠고 교사와 친구들이 듬직하게 여겼다. 그러나 B는 내심 그게 큰 짐이 되었고, 때로 A에게 솔직한 마음을 털어놓았다고 한다. 그런데 그 친구가 갑자기 목숨을 끊은 것이다. A는 친구가 그렇게 괴로웠던 걸 알았으면 더 도와줄 걸 그랬다며 후회했다. 불행하게도 이와 비슷한 사례는 꽤 많다.

최근 교육 현장에서 아이들의 낮은 자기긍정감과 자존감이 문제가 되어 아동·학생을 칭찬하며 교육하자는 분위기가 높아지고 있다. 앞장에서 소개한 대로 실제로 그 효과가 나타나기 시작하고 있다. 그러나 효과가 있는 만큼 부작용도 크다. 일반적으로 칭찬은 좋은 것이고 질책은 나쁘다고 얘기하지만, 받아들이는 사람에 따라서는 질책보다 칭찬이 위험할 수도 있다.

혼나면 반발할 수 있으나 칭찬하면 부정하는 게 어렵기 때문이다.

**주위의 기대가 '인정받아야만 한다'는
불안을 증폭시킨다**

주위의 기대는 '인정욕구'라는 강박에 빠지게 하는 요인 중 하나이다. 다만 정확히 말하면 본인이 그 기대를 얼마나 의식하는지가 문제이지 실제로 얼마나 기대를 받는지는 문제가 아니다. 따라서 그것을 '인지된 기대'라고 부르기로 하자.

다음 장에서 자세히 살펴볼 텐데 아무리 '인지된 기대'가 커도 쉽게 기대에 부응할 수 있으면 아무런 문제가 없다. 강박에 빠지냐 아니냐는 본인이 그 기대에서 얼마나 부담을 가지느냐에 달려 있다. 어쨌든 인지된 기대에서 받는 부담감이 바로 인정욕구라는 강박의 정체라 할 수 있다.

그러고 보니 이 장의 첫 부분에서 소개한, 한 병원에서 우수 사원 표창을 받은 직원이 차례로 이직한 이유도 대충 짐작이 간다. 아마도 '기대에 부응해야만 한다'라는 부담감이 더는 일할 수 없을 정도로 크게 느껴졌기 때문이리라.

이 '기대에 부응해야 한다'라는 부담감이 어떤 것인지, 다른 예를 들어 계속 생각해 보자.

선술집에서 일하는 젊은 점원과 카페에서 아르바이트하는 학생은 점장이 일을 잘한다고 칭찬하자 긴장해 맥주나 커피를 손님에게 쏟았다는 실패담을 들려주었다. 호텔 프런트에서 손님을 맞는 일을 하고 있었는데 한 손님의 칭찬을 듣고는 얼굴이 붉어져 더는 대화할 수 없었다는 학생도 있었다.

'익숙해지면 압력은 극복할 수 있다'는 말은 거짓

"질책도 아니고 칭찬인데 뭘. 익숙해지면 괜찮아."
주위 사람들은 그렇게 위로할지 모른다.

그러나 정말 익숙해지면 괜찮아질까?

수백 번의 집도 경험이 있어서 수술을 희망하는 환자가 전국에서 모여드는 유능한 외과 의사가 다음과 같은 말을 하는 걸 들은 기억이 있다. "젊었을 때는 아무렇지도 않았는데 점점 긴장감이 심해집니다. 한때는 신경안정제를 복용하지 않으면 메스를 잡은 손의 떨림이 멈추지 않을 정도였어요."

경험이 풍부한 TV 아나운서나 사회자들도 어느 날 갑자기 긴장해 말할 수 없게 되었다거나 스트레스로 정신에 문제가 생겼다는 경험담을 털어놓는다.

외과 의사도 그렇고 아나운서나 사회자도, 실적을 쌓고 뛰어난 업무 능력을 보여줌에 따라 세상의 평판이 점점 올라갔을 것이다. 그리고 다음에도 이 정도는 해주리라는 기대도 높아진다. 만약 여기서 실패하면 평판은 단숨에 땅에 떨어지리라 생각한다. 본인이 그 위험 부담을 받아들이지 못할 때 엄청난 부담감이 덮쳐온다.

분명 경험이 쌓이면 같은 일이라도 쉽게 할 수 있고

자신도 생긴다. 그러나 그것을 뛰어넘는 주위의 기대(인지된 기대)가 커져 장벽이 높아지면 스트레스가 오히려 커지는 것이다.

몸부림칠수록 더 깊이 빠져드는 '칭찬 개미지옥'

남들이 보면 자기 혼자 멋대로 기대의 무게를 짊어진 것이니 신경 쓰지 않으면 그만이라고 생각할지 모른다. 그러나 성가시게도 신경 쓰지 않으려고 노력하다 보면 오히려 의식이 거기에 더 집중되고 만다.

유명한 책 《밤과 안개》의 저자이자 정신과 의사, 철학자인 빅터 프랭클은 인간 존재의 의미를 추구하는 '로고테라피(Logotherapie, 의미요법)'에 대해 설명하며 이렇게 말했다. "공포증과 강박 신경증의 원인 중 하나는 환자가 그로부터 도망치려고 하기보다 그것과 싸우려고 할 때 일어나는 불안과 강박 관념이다."[15]

이 같은 현상을 '정신상호작용'이라고 명명한 사람이 '모리타 요법'으로 알려진 의학자 모리타 마사타케이다. 모리타에 따르면 원래 신경증의 불안과 갈등은 정상적인 사람에게도 생기는 심리 상태로, 자신에게 나쁜 영향을 미치는 약점을 제거하려고 노력할수록 그 뜻에 반해 자신에게 좋지 않은 신경증 증상이 나오고 만다.[16]

요컨대 '기대를 저버리면 안 된다'라는 의식이 마음속 어딘가에 있는 한, 불안을 제거하려 할수록 마치 개미지옥처럼 불안의 구렁텅이에 빠지는 것이다. 그럴 때 불안을 제거해 주려는 주위의 노력이 오히려 본인을 궁지로 몰기도 한다. 자주 일어나는 일이 다음과 같은 사례이다.

자식이 고등학교나 대학 수험을 치를 때, 부모는 자신감을 주려고 "틀림없이 잘 될 거야"라는 말을 한다. 그런데 그런 말을 듣는다고 자신감이 생기는 건 아니다. 자신이 없을 때는 오히려 '틀림없이 잘 될 거라는데 떨어지면 어쩌지?' 하는 생각이 든다. 떨어지면 부모님은 실망할 테고 자신도 엄청난 충격을 받을 거라는 부정적인 생각에 빠지는 것이다.

그리고 아까 말한 '정신상호작용'이 작동해 생각하

면 할수록 떨어져선 안 된다는 부담감이 강해진다. 그 결과 진짜 능력을 발휘할 가능성이 줄어든다.

징크스 뒤에는 압박감이 있다

스포츠 세계에는 그런 면을 여실히 드러내는 데이터와 에피소드가 많다.

축구의 예를 들어보자. 월드컵에서 과거 3번 우승한 이탈리아, 스페인, 독일은 다음 대회에서 모두 본선에 진출하지 못하고 예선에서 떨어졌다. 세대 교체가 제대로 이루어지지 않은 점과 다른 팀의 견제가 심해졌다는 이유도 생각할 수 있으나 역시 각 선수가 느꼈을 '이기는 게 당연하다'는 압박감이 상상보다 컸을 것이다.

축구 경기 중에서도 가장 압박감이 강해질 때가 패널티킥을 찰 때라고 한다. 성공하는 게 당연하고 실패하면 패배로 이어진다. 그리고 상대도 같은 팀도 관객도 숨을 죽이며 공을 차는 순간을 지켜보고 있다. 게다가 기대가 클수록 압박감은 커진다.

한 연구에서는 '패널티킥 시점에 이미 최고의 지위에 있는 선수'를 1등급, '나중에 최고의 지위를 얻은 선수'를 2등급, '최고의 지위는 아닌 선수'를 3등급으로 나누고 패널티킥 성공률을 조사했다. 그 결과 성공률이 가장 낮은 게 1등급 선수로 65%에 그쳤고, 2등급과 3등급 선수는 각각 성공률이 89%, 74%였다고 한다.[17]

아이의 경우, 뭐니뭐니 해도 어른들의 기대가 높을수록 부담감이 크다. 대형 학원의 이야기를 들어보면 모의고사 같은 시험 결과에서 지망하는 학교의 합격선보다 조금 아래에 있는 학생들이 조금 위의 학생보다 훨씬 합격률이 높다고 한다. 실력 면에서는 그리 큰 차이가 없는데 조금 위의 학생은 '떨어져선 안 돼'라며 지키려는 심리가 강한 데 대해 조금 아래의 학생은 '안 돼도 그만', '한번 해보는 거야'라는 공격적인 심리로 임한다는 것이다. 그 차이가 이런 역전 현상을 일으키는 것이다.

그런 부분을 잘 이해하고 있는 베테랑 학원 강사들은 시험이 다가오면 "이 문제는 상당히 까다로워", "이

건 풀지 못하는 게 당연해" 같은 말로 학생들이 풀지 못했을 때를 대비해 '보험'을 들어놓는다고 했다. 참고로 그 방식은 다음에 얘기할 '인정받고 싶은 마음에서 벗어나는 법'과도 통한다.

앞서도 말했듯 부담감을 일으키는 요소 중 하나가 '인지된 기대'이고, 이 기대는 실적에 따라 높아진다. 따라서 단순히 "익숙해지면 괜찮아져"라고 말할 수 없다. 그만큼 부담감에서 도망치는 일은 쉽지 않다.

2. 인정받은 사람의 불행

꿈의 실현. 그 다음은 대혼란?

신문에서 이런 글을 본 적 있다. 한 예술가가 스승에게 "아무리 시간이 지나도 사회적인 평판을 얻질 못하네요"라고 투덜댔다. 그러자 스승은 "실력이 있어도 평가받지 못하는 게 행복해. 나처럼 실력 이상으로 평가되면 얼마나 괴로운지"라고 대답했단다.

내 주위를 둘러봐도 '좀처럼 인정받지 못한다'고 한탄하는 사람이 여럿 있는데, 적든 많든 실제로 인정받은 사람을 떠올렸을 때 그 사람이 행복한 삶을 살았는가 하면 반드시 그렇지도 않은 것 같다.

일반적으로 화려한 칭송을 받고 큰 명예나 명성을 얻은 사람일수록 그 반동도 크다.

1992년 바르셀로나에서 열린 하계올림픽 때, 여자 수영 200m 평영 경기에 출전한 당시 중학교 2학년 선수 이와사키 교코는 수영 사상 최연소 금메달이라는 쾌거를 올렸다. 앳된 얼굴의 그녀가 인터뷰에서 했던 "이제까지 살면서 가장 행복해요"라는 말은 많은 사람들의 가슴에 울림을 주었다.

나도 정말 감동했다. 그러나 한편으로 이렇게 빨리 인생의 절정을 맞다니, 앞으로 정말 힘들겠다는 생각이 머리를 스쳤던 것도 사실이다. 예상대로 그녀는 그 후 주위의 주목을 받는 가운데 기록이 생각만큼 좋게 나오지 않아 큰 부담감에 괴로워했다고 한다.

'이기는 게 당연하다'는 중압감

2018년 평창 동계올림픽, 스키 점프에서 동메달을 땄던 다카나시 사라도 주위의 큰 기대에 괴로워했던 사람이다. 2014년 소치 올림픽에서는 직전 월드컵에서 엄청난 강세를 보이며 금메달 확실로 기대를 모았는데 정작 올림픽 무대에서 기록이 나오지 않아 4위에 그쳤다.

그녀가 소치 올림픽 후 다음을 목표로 어떻게든 부담감을 극복하려고 열심히 노력했다는 것은, 그녀가 내놓은 말의 면면에서, 그리고 행동으로 잘 알 수 있다. 이전의 앳된 모습에서 갑자기 성숙한 외모로 변신했을 때는 놀란 사람도 많았을 것이다. 또 TV 광고에 나와 밝은 캐릭터를 선보인 것도 자신의 껍질을 깨보려는 목적이 아니었을까.

2017년 스모 경기에서 19년 만에 일본 출신 요코즈나(천하장사에 해당)에 오르고 2019년 1월 경기 중에 은퇴한 기세노사토도 승진 전에는 스모 팬들의 기대를 한몸에 모았으나 그 기대를 여러 번 저버렸다. 제일인자인 하쿠호를 정면 승부로 여러 차례 쓰러뜨려 "힘 하나는 최고"라는 평가를 받았던 만큼 자신의 '인지된 기대'는 더욱 컸을 것이다.

누구보다 성실한 성격의 그가 그 기대를 정면으로 받아들여, 큰 부담감으로 느끼고 있었던 것은, 씨름 기술에서만이 아니라 모래판 위나 아래에서 쉴 새 없이 눈을 깜빡이던 모습에 잘 드러나 있다. 게다가 상대와 맞붙는 자세에서 웃는 모습을 보고 이상을 느낀 사람도 적지 않을 것이다. 그가 부담감을 털어내려고 얼마나 많은 시행착오를 거쳤을지 상상이 간다.

그러나 다카나시도, 기세노사토도 어떻게든 부담감을 극복하려던 노력이 결과적으로 성공한 것 같지는 않다. 무엇보다 태도나 행동의 변화는 내면이 변화한 결과이지 그 반대는 아니다. 따라서 태도나 행동이라는 외면을 바꾼다고 필연적으로 내면이 변화하는 건 아니다.

외면부터 바꾸는 방법이 아예 쓸모없는 건 아니다. 그러나 거기에는 함정이 있다. 부담감을 극복하기 위해 태도나 행동을 바꾸고 있다고 의식하는 한 대부분의 집착은 의식 쪽에 있으므로 강박으로부터 도망치기 어렵다. 앞서 말했듯 머리를 굴리면 굴릴수록 거꾸로 부담감이 강해져 더 의식하게 된다.

결국에는 다카나시도, 기세노사토도 걸출한 실력과 남보다 더한 노력으로 그 역풍을 멋지게 넘었다. 각각 동메달과 요코즈나라는 결과를 손에 넣었고, 이와사키도 오랜 고투 끝에 새로운 경지에 도달했다.

그러나 실제로는 부담감에 무너지는 사람도 적지 않다. 특히 스포츠 선수와 연예인 중에는 원래부터 '인정받고 싶어', '주목받고 싶어'라는 인정욕구가 강한 사람이 많다. 그게 성공의 원동력이 됨과 동시에 그 반동 역시 크다.

**'인정받고 싶다'는 마음 하나로만 산
한 야구선수의 이야기**

고등학교 시절, 1학년 때부터 강팀 PL학원의 4번 타자 자리를 맡으며 고시엔에서 홈런을 연달아 쳐 팀의 전국 제패에 공헌했던 기요하라 가즈히로도 그런 사람이다.

그는 고교야구계의 슈퍼스타였다. 그 후로도 최고

의 홈런 타자로 화려한 야구 인생을 걸었던 그가 고시엔(일본 고교 야구 대회)의 화려한 데뷔에서 30년이 지난 2016년, 각성제 거래법 위반으로 체포되어 세상을 놀라게 했다. 그야말로 천국에서 지옥으로 추락한 셈이다. 그러나 갑자기 천국에서 지옥으로 떨어진 게 아니다. 그동안 그는 몇 번의 큰 좌절을 경험했다.

기요하라 가즈히로의 좌절과 추락에는 인정욕구가 깊이 관여하고 있는 것처럼 보인다. 그의 수기 등을 통해 추락의 궤적을 더듬어 보자.

고시엔에서 총 13개의 홈런을 친 그는 스스로 말하듯 주위 사람이 기대하거나 좋아할 만한 승부에는 열정을 불태우나, 그런 분위기가 느껴지지 않으면 다 놓아버리는 성격이다. 그런 그는 고교 졸업 후 '일본 최고의 남자'를 꿈꾸며 일본 프로야구 최고의 구단, 요미우리 자이언츠에 입단하길 바랐다.

그런데 1985년 지명 회의에서 믿었던 자이언츠 구단이 1순위 지명을 해주지 않았고 오히려 같은 팀원이자 맞수였던 구와타 마스미가 자이언츠에 입단하는 굴욕을 맛보았다. 프로 선수로 활동하며 자신을 버린 자이언츠에 복수하겠다는 일념에 노력을 거듭한 그는 11년 동안 자신이 속한 팀을 8번이나 리그 우승으로 이끌었을 뿐만 아니라 자이언츠를 누르고 일본 최고 자리에 오르는 등 멋지게 설욕했다.

그리고 1996년에 FA(프리 에이전트) 시장에 나와 드디어 염원했던 자이언츠에 입단했다. 그러나 목표를 달성했다는 안도감 때문인지 원하던 만큼의 성적을 거두지 못해 다시 좌절했다.

그의 수기에는 '타이틀을 따고 싶다', '주위의 인정을 받고 싶다'라는 의식이 오히려 일을 그르치는 모습이 고스란히 담겨 있다. 특히 라이벌 마쓰이 히데키가 주목을 모으자 승부를 봐야 하는 상황에서 감정 조절도 제대로 하지 못해 매번 쉽게 물러났다.

여기서 주목할 점은 자신도 인정했듯 기회에 목말라 있던 그가 정작 기회가 왔을 때 치지 못해 스스로 괴로워했다는 것이다. 인정욕구가 강할수록 그 강박으로 인한 고통도' 커짐을 알 수 있다. 그가 성적을 내지 못하자 점점 관중석의 응원도 사라졌다.

그는 당시의 심경을 "자이언츠에 들어가고 나서는 왜 야구를 하는지 같은 아주 근본적인 부분이 조금씩 변하기 시작했다"라고 회고하며 그 이유를 이렇게 말했다.

"관중석의 팬들에게 응원받지 못하는 것은 그만큼 내게 큰 고통이었습니다. 나는 줄곧 누군가의 기대와 응원을 받거나, 구장을 가득 채운 관객이 내게 무엇을 원하는지를 느끼면서 그걸 에너지로 방망이를 휘둘렀으니까요."

누구보다 강한 '인정받고 싶다'라는 욕구가 영광의 원동력이 된 한편 그 욕구가 채워지지 않게 되니 거꾸로 그 욕구의 강박에 쫓겼음을 알 수 있다.

타인의 기대를 의식한 행동이 가져온 또 다른 불행

기요하라의 고뇌는 현역 은퇴 후에도 이어졌다. 주위 사람들이 그를 보는 시선에서 '보스'의 이미지가 여전히 사라지지 않았다. 인간 기요하라는 아주 섬세하고 성실한 인물이다. 실상과 격차가 있는 무서운 대장 캐릭터를 요구받고 그러려고 노력했으나 힘든 일이었다고 나중에야 고백했다.

위장된 캐릭터가 앞서는 바람에 길에서 벗어난 선수가 또 있다. 한때 일본의 복싱 인기를 독점했던 가메다 삼 형제. 그중에서도 타이틀 경기에서 반칙을 저질러 1년간 권투선수 자격 정지 처분을 받은 차남 가메다 다이키가 그렇다.

그는 원래 독서와 그림 그리기를 좋아하는 소년으로, 늘 복싱을 싫어했다고 고백했다. 은퇴 후 모습을 보면 알 수 있듯 평소의 그는 아웃사이더의 이미지와는 거리가 먼 사람이다.

그러나 데뷔전을 KO승으로 장식하며 언론과 주위의 칭송을 들은 그는 너무 우쭐해진 나머지 아주 화려한 옷차림을 하거나 세간을 집중시키는 발언을 계속했다. 그게 언론에 크게 다뤄지자 그의 언동은 더욱 거칠어졌다. 자기도 모르는 사이 그는 주위가 기대하는 캐릭터를 연기하려고 무리한 것이다.

그리고 챔피언을 상대로 타이틀전을 치르기 전에는 기자회견에서 "지면 할복하겠다!"라고 큰소리를 쳤다. 그런데 막상 시합에 나섰는데 상대에 미치지 못해서 지게 생기자 이에 동요해 악질적인 반칙행위를 하고 만 것이다.

기요하라도, 가메다도, 기대에 부응하려는 착하고 성실한 성격이 재앙이 된 셈이다.

인정받기 위해 실제 나와 다른 사람을 연기하다 보니

그런데 하나 주목할 점이 있다. 그건 둘 다 진짜 자신과는 다른 캐릭터를 '연기'했다는 점이다. 아니, 오히려 연기하도록 강요당했다고 해야 할 것이다. 그리고 또 다른 하나는 더는 그 캐릭터를 연기할 필요가 없어졌음에도 불구하고 자신의 의지로 계속 연기한 것처럼 보인다는 점이다.

왜 기대라는 부담감이 사라졌는데도 진정한 자신과는 다른 캐릭터를 계속 연기했을까? 이것은 심리학자 레온 페스팅거가 주장한 '인지 부조화 이론'으로 설명할 수 있다.

누구나 마음속에 부조화, 즉 모순이나 갈등이 생기면 불쾌해진다. 따라서 부조화가 일어나면 그걸 해소하려고 할 것이다. 기요하라나 가메다의 경우, '보스'나 '악역'이라는 캐릭터는 진정한 자신과 동떨어져 있다. 그러므로 만들어진 캐릭터를 연기하는 게 불쾌하고 피곤했을 것이다. 그러나 처음에는 기대에 부응하기 위해 캐릭터를 연기해야만 했다. 여기서 부조화의 불쾌감으로부터 도망치기 위해 거꾸로 자신을 캐릭터에 맞추려고 한다. 시간이 지나 부조화가 커질수록 격차를 해소하기 위해 자신을 바꾸려는 노력도 커진다.

오히려 적극적으로 캐릭터를 연기하다 보니 점점 캐릭터에 능숙해진다. 마침내 캐릭터를 연기하는 부담감을 느끼지 않게 되어, 만들어진 캐릭터로 살아가게 된 것으로 추측할 수 있다.

더욱이 세상의 눈이 엄격해지거나 비난이 거세지면 부조화를 해소하기 위해 더욱 만들어진 캐릭터를 적극적으로 연기하게 되어, 특이한 언동이 극한까지 치닫는다. 그게 가장 무서운 점이다.

행위의 선악은 전혀 다르나, 아마도 과로 자살하는 사람이나 부정을 일으킨 사람의 심리에도 같은 심리적 메커니즘이 작동할 것이다. 실제 기록이나 보도를 보면 기대의 부담감을 느끼지 않게 되었는데도 억지로 계속 일하거나 저항감 없이 부정을 저질렀을 가능성을 생각해볼 수 있다.

미슐랭 별 3개가 가져온 불행

기대의 부담을 견디지 못해 돌이킬 수 없는 불행을 초래하는 경우도 있다.

베르나르 루와조라는 프랑스 요리사가 있었다. 그는 버터와 크림 등을 사용하지 않는 독특한 조리방법으로 인기를 얻어 미슐랭 별 3개를 따냈다. 그 덕분에 그가 경영하는 레스토랑도 크게 번성했다. 그런데 얼마 후 이 레스토랑의 평가를 의문시하는 소리가 일부에서 나왔다. 그런 목소리에 신경을 쓰고 별 3개를 놓치는 게 아닐까 두려워하던 그는 2003년에 자살했다.

시대를 상당히 거슬러 올라가면 과거 일본에도 기대의 부담감을 이기지 못하고 자살한 영웅이 있었다. "아버님, 어머님. 고키치는 이제 너무 피곤해 달릴 수 없습니다"라는 충격적인 유서를 남기고 자살한 마라톤 선수 쓰부라야 고키치가 바로 그 장본인이다.

1964년 도쿄 올림픽. 올림픽의 꽃이라 불리는 마라톤에서 역투를 벌인 쓰부라야는 '철인' 아베베에 이어 두 번째로 골인 지점인 국립경기장에 돌아왔다. 우레와 같은 박수와 성원 속에서 골인하기 직전에 히틀리에게 추격당해 아깝게 3위가 되었지만, 육상 경기에서 유일하게 메달을 딴 일본 선수였다.

일본의 영웅이 된 그는 다음 올림픽에서는 금메달을 딸 것으로 기대를 모았다. 그런데 연습 환경이 나빠지고 부상이 이어지는 불운으로, 이대로는 기대에 응하는 게 힘들어졌다. 누구보다 성실하고 책임감이 강한 그는 그런 상황을 견디지 못하고 자살이라는 길을 선택했던 것이었다.

여기에 소개된 인물은 모두 인생에 한 번쯤 성공을

거머쥔 사람들이다. 보통 주위의 기대가 커질수록, 기대에 부응하려는 마음이 강해질수록 노력한다. 그래서 성공하는 측면도 있다.

그러나 그들처럼 너무 큰 기대를 받으면 부담감에 짓눌릴 위험도 커진다. 따라서 행복과 불행은 종이 한 장 차이다. 영광을 손에 넣으려는 사람은 어떤 의미에서는 아주 아슬아슬한 지점에서 승부하는 것이다.

누구라도, 일단 얻은 평판을 놓치기 싫어한다

일반인의 경우, 그렇게 강한 인정욕구를 가진 사람은 많지 않다. 입신출세주의가 이름을 날렸던 과거에 비해 최근에는 '출세하고 싶다'거나 '위대해지고 싶다'는 적극적인 출세욕은 줄어든 것 같다. 경제가 성숙하면서 큰 성장을 바랄 수 없어진 오늘날, 각종 조사 결과를 봐도 그러한 경향은 더욱 선명해졌다.

일본생산성본부가 매년 실시하는 신입사원의 의식조사에는 '어디까지 승진하고 싶나?'라는 질문 항목이 있다. 2018년의 응답은 '사장'이 10.3%로 역사상 최저

였던 반면 '아무래도 상관없다'가 17.4%로 가장 많았다. 마치 '성공 따윈 바라지 않으니 나에게 아무것도 기대하지 마세요'라고 말하는 듯하다. 그럼에도 불구하고 크든 작은 인정을 받으면 사람은 그 무게에 괴로워하게 된다.

강력하게 바라지도 않았는데도 일단 얻은 지위나 평가는 쉽게 놓을 수 없는 법이다. 왜 그럴까? 지금부터 그 이유를 알아보자.

3. 우리가 인정에 집착하는 이유

정점을 찍은 사람이 더 잘하기 위해 몸부림을 치거나 불행에 빠지는 모습을 보고, 왜 저렇게까지 인정에 매달릴까, 왜 주위의 평가나 기대에 응하려고 할까 이상하게 생각한 사람도 많으리라. 또 그건 성공한 일부 사람에게만 해당하는 말이라고 할지도 모른다.

그러나 사람은 누구나 의식하든 하지 않든, 어떤 형태로든 주위의 인정을 얻고 있다. 그리고 형태 없는 인정에 집착한다.

**인정을 잃으면 의욕과 자신감이
사라지고 성적도 떨어진다.**

우선 알아두었으면 하는 점은, 인정으로 얻어진 대다수는 인정받지 못하면 잃는다는 것이다.

우리는 앞에서 인정이 내발적 동기부여, 자기효능감을 키우고, 평가나 처우에 대한 만족도를 높이고, 일의 성적도 향상시킨다는 점, 또 이직을 억제하는 효과도 있다는 점을 알았다.

반대로 생각하면, 인정을 잃을 경우 이런 효과들이 모두 사라지는 것이다.

내발적인 동기부여가 낮아진다는 것은 날마다 즐겁게 하던 일이나 활동이 즐겁지 않게 된다는 걸 의미한다.

나는 예전에 기업 연구소에서 일하는 연구자나 기술자를 인터뷰하러 돌아다닌 적이 있다. 그들에게 '일 때문에 즐겁거나 가슴이 뛸 때는 언제인가?'라고 물어봤다. 그랬더니 자신이 개발한 제품이 소비자에게 받아들여졌을 때와 다른 회사의 맞수들이 놀라는 모습을 상상했을 때라는 대답이 많았다.

반대로 자기가 개발한 기술이나 제품이 불평을 듣거나 아무에게도 관심을 받지 못하는데도 '즐겁다'거나 '가슴이 뛰는' 기분을 유지할 수 있을까. 아마도 즐거움도 흥분감도 모두 잃어버릴 것이다.

연구자나 기술자만의 이야기가 아니다. '손님이 기뻐했으면 좋겠다'거나 '동료들과 즐겁게 일하고 싶다'는 사람이 많은데 그 역시 손님이나 동료의 감사를 받거나 인정받는 걸 전제로 하고 있다.

이런 점에서도 내발적 동기부여만 하더라도 많은 경우 인정이 바탕에 있음을 이해할 수 있다.

또 인정을 잃으면 자기효능감, 즉 '하면 할 수 있다'라는 자신감이 사라진다. 그러면 모든 일에 소극적이고 매사에 도전하려는 의욕이 생기지 않을 것이다.

나아가 인정받지 못하면 자신의 평가나 처우에 대한 불만이 강해지고 성적은 떨어진다(인정받았을 때 성적이 오른 사실을 기억하길 바란다). 그러면 더욱 인정받지 못하므로 점점 성적이 떨어지는 악순환에 빠질 것이다. 그리고 계속 일하기 싫어져 일을 그만두고 싶어질지도 모른다.

그것만이 아니다. 1장에서 설명한 대로 인정은 다른 욕구나 유무형의 다양한 보수와도 관련되어 있다. 타인을 내 뜻대로 움직이고 싶다는 지배욕이나 풍요롭고 안정된 생활을 하고 싶다는 안전·안정의 욕구, 이성을 끌어들이고 싶은 욕망 등도 인정으로 채워지는 경우가 많다. 따라서 인정받지 못하면 그런 것들도 잃을 가능성이 크다.

한 번 얻은 인정은 절대 놓칠 수 없어

사람에 따라서는 그런 데에 너무 매달릴 필요가 없다고 생각할지 모른다. 인정받는 게 아무래도 부담된다면 인정받아 얻은 것을 모두 내놓으면 된다. 스스로 돌이켜봐도 인정받지 못한다고 해서 그렇게 큰 불만이 있을 것도 없고 직책을 생각하면 평사원일 때가 제일 편하지 않았나. 그렇게 쉽게 생각할 수 있다.

그러나 그렇게 쉽게 규정할 수 없는 게 현실이다.

지금 중요한 자리에 앉아 있는 사람이 모두 그 자리를 바랐던 건 아니다. 그렇지만 대다수의 실제 사례가 말하듯 그 자리를 빼앗기면 대다수는 반발한다. 또 회사나 관공서에서는 전부터 조직을 평준화하고 간소화하려는 시도가 있었는데 관리직들의 격렬한 저항 때문에 좀처럼 추진하지 못하고 있다.

이런 사례가 증명하듯, 인정받기를 그리 원하지 않았더라도 일단 인정받으면 그걸 내놓는 일은 어렵다. 참고로 그것은 인정에만 해당하는 게 아니라 많은 일에 해당하는 일종의 법칙 또는 원리이다.

거기에서 작동하는 심리를 행동경제학자인 리처드 세일러는 '보유 효과'라 부르고 다음과 같은 예를 들어 설명하고 있다.

> 어떤 사람이 1950년대 말, 좋은 와인을 병당 약 5달러에 사들였다. 몇 년 후, 와인업자가 그 와인을 병당 100달러에 팔라고 했는데 그는 그 청을 거절했다. 한편 그 사람은 같은 와인을

35달러보다 더 많은 돈을 주고는 사려고 하지 않았다. 즉, 이 사람은 그 와인에 35달러의 가치밖에 인정하지 않았으면서 그보다 2배 많은 금액에도 내놓는 걸 아까워한 것이다.

같은 경우를 우리는 일상생활에서 종종 경험한다. 이를테면 월급이 10만 원 오른다고 그리 기쁘지 않은데 10만 원 떨어지면 매우 기분이 나쁘고 의욕이 사라진다. 파친코에서 10만 원을 잃으면 그걸 회복하려고 몇 배의 돈을 탕진하는 사람이 있는데 그 역시 같은 심리가 작동했을지 모른다.

거기에 감정이 더해지면 그 격차는 더욱 극단적인 형태가 된다.

펫 숍에서 반려동물로 개나 고양이를 30만 원에 샀다고 치자. 동물을 한 달 정도 집에서 길렀다고 해도 객관적인 가치는 거의 변하지 않았을 것이다. 하지만 반려동물을 30만 원에 팔 수 있을까. 누군가 300만 원에 사겠다고 해도 대부분은 그에 응하지 않을 것이다.

참고로 그런 주관적인 가치와 객관적인 차이의 격차에 관심을 가져 이익을 내는 것이 비즈니스이다. 이야기를 확장해 보면 이른바 '열정 착취' 그리고 '인정 욕구의 착취' 역시 그런 격차에 자리 잡고 있다.

도움을 청하는 것은 곧 인정을 놓치는 일

반려동물의 예가 상징하듯 감정이 얽히면 단순하고 객관적인 계산으로는 해결할 수 없게 된다. 그게 자신의 명예나 자긍심이 되면 인격 자체와 관련이 있는 만큼 놓아버리는 일은 더욱 어렵다.

여기서 인정욕구의 중요한 특징을 생각해 보길 바란다. 인정욕구는 '존경·자존의 욕구'라고도 불린다. 이는 타인의 인정과 자신의 가치를 인정하는 자기 인정이나 자존감이 밀접하게 관련되어 있음을 의미한다. 따라서 타인의 인정을 잃으면 자신의 존재 가치까지 느끼지 못한다. 극단적인 표현으로, 자신이 자신이 아니게 되는 것이다.

그 점을 염두에 두면 그냥 보기에는 이해하기 어려

운 행동도 쉽게 이해될 때가 있다. 특히 아이의 경우 인생 경험이 부족해 인간으로서 미성숙한 데다 어른과는 다른 세계에서 살고 있다. 그렇기에 오히려 본인의 시점에 서서 보는 게 더욱 필요하다. 이를 게을리하면 돌이킬 수 없는 사태로 발전할 때가 있다.

유감스럽게도 일본에서는 따돌림으로 인해 자살하는 사건이 끊이지 않고 있다. 그때마다 어른들은 왕따를 당하면 괴로워하지 말고 부모나 교사에게 상담하라고 설득한다. 그래도 같은 비극이 되풀이되고 있다.

중요한 것은, 아이들이 어떤 세계에서 살고 있는지, 그 안에서 인정을 잃었을 때 얼마나 견디기 힘든지를 깊이 통찰하는 게 아닐까? 대다수 아이에게 학교는 가장 중요한 '세계'이고 그 중심은 학급이나 친구 그룹이다. 그리고 같은 멤버끼리 오래 지내다 보면 자연스럽게 독특한 규칙이나 관행이 생긴다.

그 가운데 아이들은 서서히 자신의 캐릭터를 받아들이고(혹은 주위에서 만들어주기도 하고), 자신에 대한 주위의 평가도 정해진다. 그리고 친구와의 인간관계속에서 연기해야만 하는 역할도 스스로 결정한다. 집단의 규칙과 관행, 친구 사이의 평가 기준에는 어른들은 눈치채지 못하는 미묘한 것과 어른이 보기에는 우습게 보이는 것, 혹은 위험한 것도 포함된다. 어쨌든 아이들 세계의 평가와 어른 사회의 그것은 기준도 무게도 크게 다르다.

한편 아이는 가족의 일원이기도 하다. 친구들 사이에서는 말썽꾸러기로 통하는 아이가 부모와 형제에게는 '밝고 씩씩한 아이'라거나 '강한 형', '듬직한 언니'라는 평가를 받을 수 있다. 교사도 같은 식으로 보고 아이 역시 그렇게 받아들이고 있다면, 친구들 사이에서의 캐릭터와 가정에서의 캐릭터 사이에 괴리가 생길 수 있다. 즉, 다른 얼굴을 상황에 따라 사용하고 있는 것이다.

이런 입장의 아이가 가령 반이나 친구 그룹에서 왕따를 당했다고 치자. 자신을 '밝고 씩씩한 아이', '강한 형', '듬직한 언니'라고 평가하는 부모나 교사에게 친구에게 왕따를 당하고 있다며 도움을 요청할 수 있을까?

이 아이에게 도움을 요청한다는 것은, 그동안 쌓은 높은 평가와 존경, 즉 인정을 모두 잃는 것이다. 체면이 완전히 뭉개지는 것이다. 학교에서 따돌림 당한다는 걸 안 남동생이나 여동생이 놀릴 수도 있다. 그럴 바에는 참는 게 더 낫다고 생각하는 게 오히려 당연하지 않을까. 참고 있으니 폭력의 강도가 점점 심해져 본인이 참을 수 있는 한계를 넘는다. 그러면 자살이라는 길을 선택할 수밖에 없을 때가 찾아온다.

한편 괴롭히는 측은 원래 나쁜 아이일 것 같지만 사실 그렇지도 않다. 각자는 양심도 있고 분별력도 갖춘 사람인데 집단 속에서 인정받기 위해서는 괴롭히는 쪽에 서거나 보고도 못 본 척해야 할 때가 있다.

요컨대 집단 속에서 인정받고 싶다거나 인정받아야 한다는 의식이 비극적인 왕따 피해자와 가해자를 만드는 것이다.

이와 비슷한 예가 남녀 관계에서도 종종 일어난다. 게다가 남녀 사이에는 남자와 여자라는 이른바 생물학적 인정이 관여한다.

말할 것도 없이 연애는 이성과 타산을 뛰어넘는 감정 그 자체이다. 물론 이성과 타산이 전혀 없는 것은 아니지만, 예컨대 돈이나 권력으로 상대의 몸은 끌어올 수 있겠으나 마음까지 사로잡을 수는 없다. 연애에서는 순수하게 인간의 매력이 요구된다. 따라서 사랑받는다는 것은, 어떤 의미에서 궁극적인 인정이다. 남성에게도 여성에게도 실연과 이혼은 그 인정을 잃는다는 걸 의미하며 자아가 입은 피해가 크다.

애인이나 배우자로부터 가정폭력을 받고도 계속 견디고 외부가 개입했을 때 종종 상대를 편드는 행동을 취하는(이른바 '스톡홀름 증후군') 것은, 파트너의 인정을 놓아버리는 게 얼마나 어려운지를 증명하고 있다.

왜 중요한 시험을 앞두고 자꾸 아플까?

인정받으면 거기에 매달리고 인정을 놓칠 수 없게 된다. 그리고 괴로워한다. 대다수는 그것을 경험적으로 배운다. 그중에는 그런 상태에 빠지지 않기 위해 미리 자기방어를 하는 사람도 있다. 과대평가를 받지 않으려고 일부러 자기평가를 낮추는 것이다.

대표적인 예로 '셀프핸디캐핑(Self-handicaping, 자기 불구화 현상)'이라는 행위를 꼽을 수 있다. 이를테면 큰 시합 전에 꼭 몸 어딘가가 아프거나 컨디션이 나빠지는 척하는 사람이 있다. 일부러 주위가 기대하지 않도록 하는 것이다. '부상했으니 이기지 못하겠구나'라고 생각하게 하는 것이다. 이렇다 할 큰 부상이 아닌데도 늘 손이나 발에 테이프를 감거나 몸에 반창고를 붙이는 스포츠 선수는 어쩌면 '기대하지 마세요'라는 메시지를 계속 보내고 있는 것일지 모른다.

샐러리맨 세계에서도 같은 광경을 볼 수 있다. 예전에 내가 관공서에서 일할 때 중요한 회의 전날이면 반드시 술을 진탕 마시고 다음 날 늘 숙취에 고생하는 사람이나 프레젠테이션 날이 다가오면 왠지 감기에 걸리는 사람이 있었다. 또 승진 시험 직전임에도 가족 여행을 가는 사람도 있었는데 지금 생각해 보면 동료와 가족 모두에게 '기대하지 말아줘'라고 주장한 것이었다.

일부러 무능을 가장하거나 관심 없는 척하며 자신의 가치를 낮추어 행동할 때도 있다. 말 잘 듣는 우등생이었던 아이가 사춘기가 되어 갑자기 머리를 빨강이나 노랑으로 물들이고 불량한 복장으로 어슬렁거리는 일도 있다. 사춘기는 자아를 찾는 민감한 시기인 만큼 이대로 가다가는 부모나 교사의 기대에 조종당할 것 같다고 느끼고 일부러 반항해 기대감을 저버리게 하는 것이다.

나에게 아무것도 기대하지 마세요

젊은이들에게 기대의 부담감이 얼마나 큰지는, 의식 조사에도 잘 나타나 있다.

생활용품을 생산하는 기업인 라이온 주식회사가 2012년에 실시한 '사회 초년생의 부담감에 관한 의식 조사'에 따르면, 신입사원 시절 부담감을 느낀 상사의 말로 '기대하고 있네'가 3위에 들어가 있다. 특히 젊은 사람에게는 기대를 받는 게 고맙기도 하지만 부담이 되기도 하는 것이다.

인정이라는 부담에서 도망치는 또 다른 방법은 미리 평가 하락을 막아두는 행위이다. 셀프핸디캐핑에는 미리 큰 기대를 거는 걸 막음과 동시에 실패했을 때 자기평가가 크게 떨어지는 걸 예방하려는 의도가 포함되어 있을 때가 많다. 예를 들어 실패해도 '몸이 좋지 않았기 때문에 실력을 발휘할 수 없었을 뿐' 또는 '실력은 있는데 공부를 안 해 떨어졌다'라고 생각하게 하려는 것이다.

그런데 초·중학교 교육현장에서는 "노력은 칭찬하는 게 좋으나 능력이나 성과에 대한 칭찬은 피하는 게 좋다"라는 말을 자주 한다. 능력이나 성과를 칭찬받은 아이는 기대를 저버리지 않으려고, 그리고 자신감이 사라지는 게 두려워 실패 위험이 있는 것에 도전하려고 하지 않는다는 것이다.

그렇다면 노력은 칭찬해도 좋을까? 그 또한 단언할 수 없다. 그중에는 노력을 칭찬받으면 '더 노력해야만 해'라는 부담감 때문에 학교에 나오지 않는 학생도 있고, 거꾸로 효율적인 노력이 무엇인지 고려하지 않고 그저 열심히만 하는 아이도 있다.

어떤 칭찬 방법이 좋은지에 대한 논의는 일단 미뤄두고, 학교에 가지 않는 것은 견해에 따라서는 부담감에 대한 하나의 대처 방법이기는 하다. 또 앞서 말했듯 이상하게 보이나 자기방어를 위한 말과 행동도 자신이 처한 상황에 대처하기 위해서는 필요하다고 생각할 수 있다. 오히려 이런 자기방어적 행동을 취하지 않고 주위의 기대를 그대로 받아들이는 사람이 더 위험하다.

높은 위치에 있을수록 심해지는 인정욕구

일반적으로 큰 인정을 얻었던 사람일수록 인정을 못 받게 되었을 때 잃는 게 많다. 따라서 앞서 다룬 메달리스트나 성공한 사람의 경우, 일반인보다 강박이 강해진다. 그것이 사회적인 추락과 자살이라는 비극으로 이어질 가능성이 있다.

그들이 얼마나 정신적으로 쫓기는지, 괴로움을 맛보았는지를 이해하기 위해, 그들의 입장에서 생각해보자.

성공한 사람이나 유명인에게 중요한 존재는 역시 팬이나 응원해주는 사람이다. 팬은 좋아하는 스포츠 선수나 연예인을 어떤 의미에서 자신과 동일시한다. 좋아하는 선수가 활약하면 자신이 활약한 것만 같아 힘이 나고, 좋아하는 가수의 노래가 히트하면 내 일처럼 기쁘다. 그렇기에 아이돌의 팬들이 응원하는 가수의 인기 순위를 올리기 위해 음반을 아낌없이 사는 것이다.

성공한 사람이나 유명인의 뒤에는 이처럼 헤아릴 수 없을 만큼의 팬이 존재한다. 참고로 연예 정보에 따르면 쟈니스(일본에서 인기 남성 아이돌 그룹을 대거 거느린 소속사) 중에서도 절대적인 인기를 자랑하는 아라시의 팬클럽 회원 수는 200만 명이 넘는다고 한다. 그만큼의 사람이 자신들의 노래, 춤과 연기에 열광한다는 소리다.

성공한 사람이나 유명인들은 이러한 그들의 기대를 한몸에 짊어지고 있다. 거기에는 '나를 지켜보는 이들을 실망시켜선 안 돼', '기대에 부응해야만 해'라는 소극적 또는 수동적인 인정욕구가 있다. 그 부담감은 일반인의 그것과는 차원이 다르다.

그리고 거기서 도망치려고 해도 도망칠 수 없다. 아마도 도망칠까, 포기할까 생각한 적은 있을 것이다. 그러나 현실적으로 자기를 뒤에서 도와주고 자기 존재로 인해 생활하는 사람들이 용납하지 않으리라는 건 쉽게 상상할 수 있다. 나아가 기대하는 팬과 가족, 친구들이 낙담하는 모습이 뇌리에 떠올라 다시 마음을 다잡지 않았을까.

병으로 살날이 얼마 남지 않은 작가가 독자들을 위해, 연예인이 팬을 실망하게 하지 않으려고, 시간과 체력을 다 짜내 일하는 모습을 보면 그 기대가 얼마나 무거운 것인지 상상할 수 있다.

요컨대 성공한 사람이나 유명인의 경우, 인지된 기대가 클 뿐만 아니라 자신의 뒤에 얼마나 많은 사람이 있는지를 생각하면, 쉽게 기대를 저버리지 못하는 것이다.

**유명인, 성공한 사람은
인정받고 싶은 마음에서 자유로울까?**

여기서 상징적인 존재로 유명인이나 성공한 사람을 주목해보자. 그런데 그들이 느끼는 강박이 일반인과 전혀 다른 차원이냐면 그것도 아니다.

대부분은 학교를 졸업하고 사회에 나와 취업하고 직장생활로 경력을 쌓다 보면 자기도 모르는 사이 일에서 받는 기대가 늘어난다. 가정이나 지역, 친족에게 받는 기대 또한 점점 커진다. 그와 함께 자긍심과 자부심도 커진다.

즉 무의식중에 '주변 사람들의 기대'라는 짐을 짊어지는 것이다. 나이가 들면서 의리나 은혜가 얽힌 관계가 늘어나는 것은 그의 반증이다. 커진 기대를 쉽게 내려놓을 수 없는 것도 마찬가지다.

요즘에는 인터넷에 올린 동영상이 인기를 얻어,

10대나 20대 젊은이가 어느 날 갑자기 유명인이 되는 예가 많다. 이에 따라 경험도 마음의 준비도 되지 않았는데 '기대에 부응해야 해'라는 부담감만 느끼다가 과격한 영상을 올려 폭주하는 예도 늘어나고 있다.

    다음 장에서는 그 앞에 얼마나 위험한 함정이 숨어 있는지에 대해 살펴보기로 하자.

3장

인정받고 싶은
마음이
불러오는 비극

1. 칭찬이 우리를 궁지로 몰아넣는다

앞에서도 말했듯 인정에 대한 강박이 우리를 궁지로 몰아넣고, 그것이 일정 한계를 넘으면 종종 돌이킬 수 없는 사태를 일으킨다. 최근 이런 경향은 더욱 두드러져 다른 사람과 조직, 사회에도 중대한 해악을 일으키는 사례를 빈번하게 볼 수 있다.

사회 문제로 발전한 대형 광고사 덴츠(DENTSU) 직원의 과로 자살, 세상을 떠들썩하게 했던 관료나 대기업 사원이 저지르는 다양한 부정행위, 스포츠계에서 잇따라 폭로된 폭력과 갑질의 뒤에는 타인의 인정을 받고 싶다, 칭찬을 받고 싶다는 강박적인 마음이 숨어 있다. 그들은 어쩌다 선을 넘어버린 걸까? 그리고 이런 일들을 특수한 사람들이 일으킨 예외적인 사례로 치부할 수 있을까?

그렇지 않다. 누구나 일정한 조건만 갖춰지면 같은 문제를 일으킬 가능성이 있다. 게다가 우리를 둘러싼 환경 변화로 그럴 가능성은 점점 더 커지고 있다.

이 장에서는 큰 사건이나 일의 어느 부분에 인정받고 싶은 욕구가 숨어 있는지 알아보겠다. 이어서 인정받고자 하는 마음이 과로사나 과로 자살, 엘리트의 부정행위로 어떻게 이어지는지 밝힌다. 마지막으로 왜 우리 사회에서는 부정에 대한 대책이 충분한 효과를 얻지 못할 뿐만 아니라 때로는 역효과를 일으키는지 그 이유를 얘기하고자 한다.

24세 신입사원의 죽음이 남긴 교훈

2015년 12월 25일, 사람들이 크리스마스 분위기에 들떠 있던 날 아침, 덴츠의 신입사원 다카하시 마쓰리

(당시 24세)가 사원 기숙사에서 뛰어내려 스스로 목숨을 끊었다. 밤샘과 새벽 근무가 이어지는 등 너무나 가혹했던 근무가 그를 자살로 몰아갔다고 해서 형사 사건으로까지 발전했다. 이 사건은 일본 사회에서 '근무 방식 개혁'이 본격적으로 시작되는 계기이기도 했다.

  사건의 사회적 배경이나 노동 현장의 문제점은 일단 제쳐두고, 세상을 떠난 다카하시가 어떤 사람이었는지, 수기 등의 기록을 바탕으로 탐구해 보자.

  어머니와 단둘이 사는 가정에서 성장한 다카하시는 초등학교 시절, 우연한 기회에 학원비를 할인받자 '내가 합격해 실적을 남기는 게 선생님들에게 은혜를 갚는 일'이라고 생각해 최선을 다했다고 한다. 그는 덴츠에 입사할 때 이력서에 '역경에 강하다. 강한 스트레스도 버틸 수 있다. 불가능한 이유를 찾아내 불평하지 않고 강한 신념을 가지고 노력하면 아무리 어려운 문제라도 해결할 수 있다는 게 내 신조'라고 적었다고 한다. 그리고 입사한 후에는 '사람들과 긴밀히 의사소통해 의견이나 이해를 조정하는 게 사교적이고 책임감 있는 내게 적합하다'라는 포부를 밝혔다.

이런 기록들은 성실하고 책임감이 강한 다카하시의 성격을 그대로 보여준다. 그랬기에 주위의 과도한 부담을 고스란히 받아들였을 것이다. 정신 건강 분야를 전공한 산업 의사 오무로 마사시도, "다카하시는 모든 일에 전부 완벽을 추구하다가 융통성을 발휘하지 못해 용량 초과가 된 '과잉 적응형 인간'이었을 것"이라고 설명했다.

어떤가? 다카하시의 이력서에 적힌 내용을 보며 당신의 자기소개서 내용과 겹친다는 생각이 들지 않는가? 우리 사회에서 그와 같은 성격은 결코 특별하지 않다. 아니, 매우 흔하다. 어떤 의미에서는 회사가 선호하는 모범적인 타입이기도 하다. 문제는 이런 성격이 과로사나 과로 자살로 몰리기 쉽다는 점이다.

인정받기 위해 무리하는 사람들

과로사, 과로 자살까지는 아니더라도 '너무 열심히 일해서 더 이상 버틸 수 없다'며 번아웃(Burnout Syndrome, 탈진 증후군)을 호소하는 사람들이 많다. 직장에서뿐만 아니라 학업에 열중하는 청소년들 사이에서도 흔한 일이다.

사회정책이론을 연구하는 일본의 경제학자 구마자와 마코토가 과로사나 과로 자살의 사례를 정밀하게 분석한 책 《지나치게 일하다가 쓰러진다면》[18]을 보자. 책임감과 성실함을 갖춘 사람들이 주위의 인정과 기대에 부응하기 위해 어떻게 스스로를 궁지로 몰아가는지 생생하게 적혀 있다.

> 과로를 견디다 못해 자살한 가와사키제철의 생산관리 과장은 자신에게도 부하에게도 엄격함을 요구하는 꼼꼼하고 완벽주의적인 성격으로, 매우 책임감이 강했다. 지역 균형 특별 채용자 중에서 처음으로 계장으로 승진한 그는 늘 '다른 팀에게 지지 않게', '오늘 하는 일은 이후 평가와 이어진다'라고 말하며 더욱 분발해야 한다고 늘 말했다고 한다.

이 책에서는 공장 현장에서 일하던 사원이 심신이 피폐해져 스스로 목숨을 끊은 사건을 언급하며, 이 일을 분석한 정신과 의사의 의견도 소개하고 있다.

자살한 기타니 씨는 실제로 '선한' 성품을 가졌다. 여기에 더해 그는 '착한 사람의 역할'을 계속 연기해왔다. 주위의 기대에 부응해 상대가 원하는 대로 행동하는 우수 사원이 된 것이다. 이런 행동은 종종 과잉반응을 낳아서, 자신의 평판을 유지하기 위해 체력이나 능력의 한계를 넘어서까지 온 힘을 다하게 된다. 기업 안에서는 책임감이 있는, 든든한 인재로 평가되지만 인간의 정신과 체력은 유한하기에 결국은 나가떨어지고 만다.

직장에서는 책임감이 강하고 일을 성실하게 수행하는 사람에게 일이 점점 몰린다. 처음에는 '나의 능력을 인정받아 많은 일이 주어지는 것'이라 생각하며 의

욕적으로 받아들이고 깔끔하게 처리하지만, 점차 능력의 범위를 벗어나면 이러지도 저러지도 못하는 상황에 빠진다. 힘껏 늘어난 고무줄이 더 늘어날 수 없어지면 툭 끊어지는 것과 같다. 강한 책임감과 동료에 대한 배려라는 훌륭한 인간성이 오히려 재앙이 되다니, 너무나 부조리하고 슬픈 일이다.

이런 타입의 사람들이 보이는 행동은 얼핏 인정욕구와는 관련이 없는 듯 보인다. 그러나 한번 더 생각해보면 소극적인 인정욕구와 관련되어 있음을 부정할 수 없다.

예를 들어, 어떤 직장인이 조직이나 동료를 생각해 자신을 희생해 노력했다고 하자. 기대와 감사를 받고 있다는 걸 알면 더 분발한다. 그런데 감사를 받지 못하거나 그 행위가 눈엣가시여서 사람들이 멀리하거나 경멸하면 더 노력할까? '이제 내가 노력하나 봐라'라고 생각하는 게 일반적일 것이다. 따라서 모든 책임감과 배려를 내포한 행동은 인정욕구와 관련이 없지 않으며 연장선에 있는 것으로 생각해야 한다.

눈치를 보느라 쉬지도 못한다

고용노동부가 공개한 대한민국 노동자의 연 평균 근로 시간[19]을 보면 근로자 1인의 연간 총 노동 시간은 1,874시간이었다. 2022년의 1,904시간에 비해 약간 줄긴 했지만 경제협력개발기구(OECD) 회원국의 평균 연간 근로 시간인 1,752시간에 비하면 여전히 많은 편이다. 하루 8시간 근무로 환산하면 평균보다 15일 더 일하는 셈이 된다.

한국과 일본의 노동시간이 긴 원인 중 하나는 시간 외 근무이다. 그리고 많은 노동자들이 여전히 유급휴가를 다 사용하지 못한다. 참고로 유럽과 미국을 비롯한 대부분의 나라에서는 100% 가까이 사용하고 있다.

노동시간의 단축이 이루어지지 않는 현실에 대해서는 많은 업무와 인력 부족, 거기에 처음부터 시간 외 근무를 전제로 일이 주어지는 실태 등 다양한 이유를 꼽을 수 있다. 그러나 현실은 그런 객관적인 '어쩔 수 없는' 이유만 있는 게 아니다.

한 조사에서는 소정 근로 시간을 초과해 근무하는

이유로 10.3%가 '상사나 동료가 시간 외 일을 하니까 먼저 돌아가기 힘들어서'라고 대답했다.[20] 또 다른 조사에서는 유급휴가를 쓰지 않은 이유를 물었는데 '내가 쉬면 직장의 다른 사람에게 폐가 되니까' 외에 '다른 팀원들이 쓰지 않으니까 눈치가 보여서', '상사가 흔쾌히 받아들이지 않으니까'라는 대답이 모두 상위에 올랐다.[21]

일이 바빠서 혹은 업무에 지장이 가기 때문이라는 현실적인 이유와는 별개로 많은 사람이 상사나 동료의 눈치, 바꿔 말하면 소극적인 형태로 '주위의 인정을 받고 싶어서' 시간 외 일을 하거나 휴가를 쓰지 않고 있다는 것이다. '바쁘다'거나 '업무에 지장이 있어서'라는 이유를 든 사람도 알고보면 주위 눈치를 보느라 쉬지 못하는 것인데, 자신의 한심함을 인정하고 싶지 않아 둘러댄 것일 수도 있다.

재미있는 에피소드를 소개하겠다. 사원들이 매일 늦게까지 시간 외 근무를 하는 모습을 보다 못한 한 중소기업의 사장이 "일이 끝나면 몇 시든 퇴근해도 좋다. 늦게 퇴근하는 사람에게는 패널티를 주겠다"라고 공지했다. 그러자 전원이 오전 중에 일을 끝내고 퇴근해버렸다고 한다. 반나절이면 끝낼 수 있는 일을 밤늦게까지 해왔다는 소리다. 그만큼 주위의 시선이 일의 효율을 방해하는 것이다.

무리할수록 인정받는 분위기

어쩌다 우리는 오래 일하는 것에 집착하게 되었을까? 그것은 일본과 한국 기업이 가진 특수한 문화와 깊은 관련이 있다.

일본이나 한국의 회사, 관공서는 유럽이나 미국과 달리 업무를 세세하게 구분하지 않는 편이라 개인의 업무 경계가 명확하지 않다. 일을 잘하는 사람이 빨리 마치고 다른 이의 일을 돕는 게 일반적이다. 따라서 늦게까지 남거나 휴가를 쓰지 않는 사람은 회사나 주위 사람에게 큰 공헌을 하는 것처럼 보인다. 거꾸로 일찍 퇴근하거나 휴가를 다 쓰는 사람은 회사나 주위 사람을 배려하지 않는 것처럼 보인다.

사실 늦게까지 남아 일을 하는 것이 회사 입장에서도 반길 일은 아니다. 근로자들이 시간 외 일을 하면 높은 수당을 줘야 하기 때문이다. 하지만 여기에도 함정이 있다. 한국과 일본은 초과근무수당의 할증률이 다른 나라에 비해 낮고(일본은 25% 선이다), 심지어는 무급으로 더 일하는 문화가 만연해 있다. 참고로 다른 나라는 대체로 50% 이상이며 그중에는 휴일 출근하면 시급 환산으로 평일의 두세 배에 해당하는 수당을 줘야 하는 나라도 있다. 이렇게 낮은 할증률과 무급 근무 탓에 시간 외 일을 하는 것은 회사나 동료에게 여분의 공헌을 하는 것, 혹은 충성의 증거로도 여겨진다. 사실이냐 아니냐는 별개로 하고 적어도 마음 어딘가에서 그렇게 생각하는 사람이 많다.

아이를 키우는 부모는 퇴근 시간이 다가오면 언제쯤 "먼저 가겠습니다"라는 말을 꺼내야 할까 고민하느라 일에 집중하지 못하고 위가 찌릿찌릿 아프다고 한다. 이처럼 육아 휴직이나 간병 휴직, 단축 근로, 탄력 근무, 재택 근무를 도입했으나 활용률이 낮은 경우가 많다. 타인에게 열심히 일하는 모습을 보여주지 못하기에 인정을 잃지 않을까 하는 불안이 제도 이용을 꺼리게 만든다.

사실 일하는 시간과 공헌도가 상당히 일치하는 공업사회와 달리, 정보화와 서비스화가 진행된 요즘 시대에는 시간과 공헌도의 관계가 줄어들고 있다. 그래도 일하는 사람의 의식 속에는 시간 외 일을 하지 않고 퇴근하거나 휴가를 다 쓰면 상사나 동료의 인정을 잃지 않을까 하는 불안이 자리잡고 있는 듯하다.

**아무리 좋은 제도를 마련해도
소용 없는 이유**

다만 여기서 얘기했듯 불안이나 불안감을 순수하게 인정욕구만의 문제로 이해하는 건 너무 안이한 일일 것이다. 앞서 '인정에는 유무형의 다양한 부가가치가 따른다'고 했던 걸 기억하길 바란다. 회사나 상사로부터 '인정받아야 해' '기대를 저버릴 순 없어'라는 마음을 갖는 배경에는 더 공리적이고 타산적인 이유가 숨어 있는 게 일반적이다.

그 점을 설명하는 데 사회학자 조지 호먼스[22]와 피터 브라우[23] 등의 '교환 이론'을 활용할 수 있다. 등가교환을 원칙으로 하는 경제학과는 달리, 사회학에서는 장래 얻을지도 모르는 불확실하나 보다 큰 보상을 기대하고 먼저 하는 증여에 주목한다. 앞으로 이루어질 거래에서 편의를 얻기 위해 거래처에 명절 선물을 돌리는 행위가 그 예이다.

우리는 회사나 상사에게 공헌해 인정받으면 인사 평가나 앞으로 있을 승진, 인사이동에서 유리하지 않을까 하고 속으로 기대한다. 거꾸로 시간 외 일을 하지 않고 먼저 퇴근하거나 휴가를 다 쓰면 인사에 부정적인 영향을 주지 않을까 생각한다.

문제는 앞에서도 설명했듯 사회학에서 말하는 교환은 경제학의 교환과 달리 증여나 이익과의 관계가 등가이지 않으며 불확실하기에, 얼마나 공헌(증여)해야 하는지의 기준이 없다는 것이다. 그러므로 때로 무제한 일해야 하는 상황에 빠지고 만다.

물론 평소 시간 외 일을 하거나 휴가를 쓰길 주저할 때 그것이 구체적으로 무엇과 연결될지 생각하지 않을 것이다. 그러나 잠재의식 안에 어렴풋이 이해타산이 자리잡고 있음을 부정할 수는 없다.

노동자 측에서 이런 심리를 버리지 못한다면 정부가 아무리 효율적인 근무방식을 추천하고 노동시간 삭감을 주창해도 그다지 효과를 기대할 수 없다. 그러므로 좋은 제도를 촘촘히 만드는 것보다 효율적으로 일하는 게 인정과 이어지는 방식을 구축하는 것이 더 중요하다. 그러면 자연스럽게 '근무 방식 개혁'이 이루어질 것이다.

**인정받고 싶은 마음은
열정페이의 좋은 먹잇감이다**

이처럼 인정받기 위해 노력해야만 한다는 심리는 종종 '과로'와 이어진다. 누구나 문득 주위의 기대에 자신이 조종당하고 있음을 깨닫는 순간이 있다. 게다가 그런 경우는 기대에 적합한 지위나 대우를 받는 정규직에만 국한되는 일이 아니다.

일본 블랙 기업 대책 프로젝트의 대표인 곤노 하루키는 젊은이들의 열정을 착취하는 '블랙 아르바이트'에 걸려들면 쉽게 그만둘 수 없는 현실이 있다고 지적하고 그 원인으로 '일에 대한 책임감과 동료를 버릴 수 없는 마음'을 꼽았다.

나아가 일의 책임감은 일종의 '관리 책임'으로까지 나아간다고 지적했다. '아르바이트 리더'는 아르바이트생 전체가 직장에 잘 적응하고 일할 수 있도록 조정하는 책임을 진다. 이처럼 관리 책임을 짊어지면서 직장이나 일 전체의 책임을 더 늘려 '내가 해야만 해'라는 감정이 내면에 생겨난다.[24]

그들은 아르바이트이므로 아무리 중요한 일을 맡아 공헌해도 그에 상응하는 급여를 받을 수 없다. 겨우 1만 원 정도의 시급과 약간의 수당을 받는 정도이다. 그런데도 보수와 어울리지 않는 강한 책임감을 지니고 엄격하게 자신을 규율하며 일한다. 일그러진 자긍심이 그렇게 만드는 것이다. 그리고 그 '책임감'이나

'자긍심'의 기저에는 소극적인 인정욕구가 있다.

**기업가들은 인정받고 싶은 마음을
어떻게 이용하는가**

약삭빠른 고용주는 이런 심리를 매우 잘 이용한다. 교육사회학자 혼다 유키는 과로의 한 요인을 '일을 통해 자아실현을 하고자 하는 욕구를 이용하는 불합리한 구조'라 진단하고 이것을 '열정 착취'라고 이름붙였다.[25] 연속된 맥락에서 나는 인정받거나 기대를 모으는 것을 보람으로 느끼는 심리를 이용해 보수에 어울리지 않는 책임을 전가하거나 공헌을 끌어내는 것을 '인정욕구의 착취'라고 부르고 싶다. 이른바 '블랙 기업'이라 불리는 곳의 대다수가 당근과 채찍을 섞는 형태로 일하는 사람의 책임감과 신뢰감에 호소하는 걸 보면 '인정욕구의 착취'는 이미 천박한 경영 수단이 되어버렸는지도 모르겠다.

인정욕구의 착취는 민간 기업에서만 일어나는 게 아니다. 2020년 도쿄 올림픽에서는 기업의 엄청난 협

찬금은 그냥 둔 채 다수의 자원봉사를 쓴다는 비판이 일었다. '올림픽이라는 세기의 큰 무대를 성공시키는 데에 도움이 되고 싶다'라는 사명감과 거기서 얻을 수 있는 사소한 자긍심을 이용해 일을 시킨한다면 그 역시 명백한 인정욕구의 착취이다.

사실은 칭찬으로 의욕을 끌어내 생산성을 높이는 것도 착취와 종이 한 장 차이다. 무엇보다 국가와 체제의 차이를 불문하고 기업은 다양한 수단을 이용해 구성원들의 의욕과 능력을 끌어내 생산성을 높이는 데 주력해왔고 그것은 경영의 역사 그 자체라고 해도 지나치지 않다. 그럼 어떻게 하면 기업 측은 '착취'라는 비난을 듣지 않고 직원들의 의욕을 고취시킬 수 있을까?

재미있는 이야기가 있다. 일본 기업에서는 최근 상사가 부하를 칭찬하는 게 중요하다는 인식이 퍼졌고 실천하는 기업도 늘었다. 사원 대다수는 칭찬받은 것만으로도 기분이 좋아졌고 1장에서 소개한 대로 다양한 효과도 올렸다.

이 방법을 동남아시아 지사에도 적용했다고 한다. 그런데 전혀 다른 결과가 나왔다. 현지 사원들은 칭찬을 받자 곧바로 임금 인상을 요구했다. "실력과 공헌을 인정했으니 임금도 올려주는 것이 당연하다"라는 논리였다. 본사에서는 '너무 뻔뻔하다'며 혀를 찼지만 냉정하게 생각하면 그들의 주장이 더 일리가 있다.

인정이 착취로 이어지는 것을 막기 위해서는 공헌에 대해 정당한 보수를 지불해야 한다. 인정을 받아서든 스스로 보람을 느껴서든, 직원의 의욕이 커져 일의 성과가 오르면 기업 역시 이익을 얻는다. 그 혜택을 정당한 형태로 돌려주는 게 당연하다. 기업은 경제적 이득을 얻었으면서 일하는 사람에게는 심리적(주관적) 보수만 주고 끝내려는 것은 공정하지 않다.

**우울증의 원인이 되는
인정욕구의 강박**

인정욕구의 강박은 일에만 한정된 문제가 아니다. 우울증이나 은둔형 외톨이 또한 주위의 기대를 너무

진지하게 받아들여 부담을 느낄 때 시작되는 경우가 많다.

 우울증으로 휴직한 사람들을 대상으로 실시한 연구에서는 '아무리 힘든 상황에 처하더라도 맡은 바를 해내지 못하거나 주위의 기대를 저버려선 안 된다는 생각이 우울증 발병과 관련이 있다'는 결론을 얻었다.[26] 또 우울증 인지 치료법으로 유명한 정신과 의사 에런 백은 '신경증 환자는 완전히 받아들이거나 전부 부정하는 극단적인 사고를 하는 경향이 있다'고 지적했다.[27]

 나는 앞서 인정이 자기효능감을 높이므로 우울증을 억제할 가능성이 있다고 언급했다. 하지만 사람에 따라서는 거꾸로 인정받음으로써 우울증에 걸릴 위험성이 높아지기도 한다. 인정이 자기효능감뿐만 아니라 인지된 기대도 높이기 때문이다.

 일반적으로 인지된 기대와 자기효능감의 격차가 클수록, 그리고 그 격차를 강하게 인식할수록 부담감이 커진다. 우울증에 걸리기 쉬운 사람은 '기대를 저버려선 안 돼'라고 강하게 의식하기만 해도 인정이 우울증으로 이어질 위험을 키우는 것이다.

좋은 사람일수록 '인정'이라는
감옥에서 벗어나지 못한다

정신의학 분야에서는 최근 '멜랑콜리 친화형'이라는 성격이 주목받고 있다. 정신의학자 텔렌바흐가 내놓은 개념으로, 이런 유형은 성실하고 꼼꼼하며 질서를 존중하는 특징을 지닌다.

이러한 멜랑콜리 친화형 성격이 스트레스를 쉽게 일으킬 수 있다는 점을 증명한 연구가 있다.[28] 정신과 의사 시바 신타로는 멜랑콜리 친화형 우울증이라는 유형에 흥미를 가지고 연구한 정신과 의사다.[29] 시바에 따르면 멜랑콜리 친화형 인간은 다른 사람에게 빚지는 일을 견디지 못한다. '빚'은 상황적인 배려일 때도 있고 빌린 돈일 때도 있다. 실제로 은행에서 대출을 받았을 뿐인데 우울증이 재발한 환자도 있다고 한다. '빚을 갚아야 해'라는 부담감 그 자체가 우울증을 일으킨다는 애기다. 그렇다면 '다른 사람의 기대에 부응해야 해'라는 부담감도 당연히 그에 포함될 것이다.

게다가 다른 사람의 기대는 '그 사람이라면 아무리 무리해서라도 해줄 거야'라거나 '그는 절대로 배신하지 않을 거야'라는 말처럼 인격이나 인간성까지 포함한다. 얼마나 노력해야 만족시킬 수 있는지 명확한 기준도 없다. 인격과 인간성에 대한 막연한 기대는 그만큼 실체가 없지만 절대적인 영향을 끼친다.

따라서 때로는 기대에 따른 부담감이 돈이나 물건 등의 빚보다 우울증을 일으킬 위험이 더 크다. 이는 앞서 설명한 사례에서 과로사나 과로 자살한 사람들 대다수가 우울증을 앓았던 사실과도 부합한다.

주목해야 하는 점은 멜랑콜리 친화형 성격이 지극히 평범하고 일반적인 사람에게서 많이 보이는 성격이라는 것이다. 이들은 보통 좋은 사람이라는 평가를 받으며 산다.

번아웃의 경우는 어떨까. 번아웃이란 일이나 활동 등에 지나치게 매달린 사람이 에너지가 다 소진된 듯 의욕을 잃어버리는 현상을 말한다. 번아웃 연구자인 구보 마사토는 자아 관여가 높은 사람, 즉 모든 상황을 자신의 문제로 쉽게 받아들이는 사람일수록 번아웃 상태에 빠지기 쉽다고 말한다.[30] 기대에 응하고 싶고 신뢰를 저버리지 않겠다는 의식이 강하기 때문이다. 번아웃 문제가 빈번하게 일어나는 그룹 중 하나가 간호사나 교사처럼 대인 서비스 직종에 종사하는 사람들이다. 환자나 아동, 학생은 그들에게 자주 의지하고 감사를 표한다. 그러면 기어이 무리하게 되거나 바라던 결과가 나오지 않았을 때 크게 낙담한다. 마음을 다해 최대한 노력했는데 실패했을 때, '나는 왜 이렇게 무능력할까?'하는 생각을 가지게 되는 것이다.

인정욕구의 강박을 가져오는 세 가지 요소

지금까지 과로사, 과로 자살, 우울증, 은둔형 외톨이, 번아웃 등의 문제에 빠지기 쉬운 사람의 특징을 살펴보았다. 이들의 공통점은 외부의 기대에 영향을 받고 자신의 행동 기준을 쉽게 낮추지 못한다는 것이었다. 속된 말로 약지 못한 사람, 생각과 행동이 가볍지 않은 사람이 위험하다는 말이다.

이 같은 특징은 정도의 차이는 있어도 대부분의 사람들이 가지고 있다. 그러니까 주위의 인정에 따라 인지된 기대가 너무 높으면 누구나 같은 상황에 처할 가능성이 있다는 뜻이다. 다만 큰 기대를 받더라도 그것만으로 인정욕구에 대한 강박에 빠지는 것은 아니다. 강박을 일으키려면 다른 요소도 관여해야 한다.

지금부터는 실제로 인정욕구에 대한 강박을 일으키는 것이 무엇인지, 그 강도는 어떻게 결정되는지를 이야기하려 한다.

기대가 크더라도 그것만으로 강박에 빠지지는 않는다. 기대에 쉽게 부응한다면 부담감을 느끼지 않을 테니 말이다. 기대에 부응할 수 있느냐 아니냐는 자기 능력에 얼마나 자신이 있는지 혹은 부응하려는 의사가 있는지에도 달려 있다. 전자가 자기효능감이다. 다른 조건이 같다면 자기효능감이 낮을수록 부담감을 강하게 느낄 것이다. 따라서 앞서 잠깐 언급한 대로 인지된 기대와 자기효능감의 격차가 부담감의 크기를 좌우한다.

그러나 둘 사이의 격차가 클 때 즉, 큰 기대에 부응할 자신이 없을 때라도 기대에 부응할 의사가 있는지 없는지에 따라 부담감은 달라진다. 앞서 소개한 마라톤 선수 쓰부라야의 경우, '인지된 높은 기대'와 '낮아진 자기효능감' 그리고 '그 엄청난 격차에서 도망칠 수 없는 나'라는 조건이 겹쳐져 자살이라는 최악의 결과에 다다르고 말았다.

반대로 격차가 커도 자신에게 그리 중요한 문제가 아니라면 부담감은 적다. 예를 들어 학업이나 일이 아닌 놀이나 취미에서는 스스로의 기대에 부응하지 못하더라도 크게 신경 쓰지는 않을 것이다. 이처럼 부담감을 결정하는 요소에는 문제의 중요성도 있다.

따라서 인지된 기대, 자기효능감, 문제의 중요성을 '강박의 3요소'로 부를 수 있다. 이것을 식으로 표현하면 다음과 같다.

> (인지된 기대 − 자기효능감) × 문제의 중요성
> = 부담감의 크기(인정욕구의 강박 강도)

 가령 인지된 기대의 크기가 10, 자기효능감이 6일 때 그 격차는 4다. 그게 본인에게 2정도의 중요한 문제일 땐 부담감이 8, 3정도의 중요한 문제일 땐 부담감이 12가 된다. 반대로 중요한 문제가 아닐 때 부담감은 2 또는 1로 떨어진다.

 지금까지 살펴본 내용을 염두에 두고, 인지된 기대와 자기효능감의 격차가 벌어졌을 때 어떤 위험이 기다리고 있는지 살펴보자.

2. 열심히 사는 사람일수록 인정에 집착한다

몇 년 전, 한 지인이 30대 중반이 된 아들에 대한 고민을 털어놓은 적 있다.

어릴 때부터 공부를 잘했다는 아들은 유명 국립대학 공학부를 졸업하고 일류기업에 취직했다. 제품을 개발하는 엔지니어로 순조롭게 경력을 쌓기 시작했는데 30대에 들어 개발팀의 중심적인 역할을 맡게 되면서 갑자기 슬럼프에 빠졌다. 눈에 띄게 말 수가 줄고, 종종 결근을 하더니 결국은 퇴사를 하고 말았다. 회사 동료들의 말로는 아무리 노력해도 실적이 나오질 않고 후배들도 그를 따르지 않아 고민이 깊었다고 한다.

기업의 인사 담당자들은 이런 사례를 자주 본다고 답했다. 한 회사에서는 스펙이 좋은 사원들이 금방 퇴사하는 경우가 너무 많아 학력을 보지 않고 채용하기로 방침을 바꾼 결과 퇴사율이 확 낮아졌다고 한다.

이른바 '엘리트'는 조직과 사회의 핵심에 자리 잡고 조직이나 사회를 움직여왔다. 그만큼 그들의 좌절은 조직이나 사회 전체에 큰 악영향을 끼치고 종종 조직과 사회를 위험에 빠뜨린다. 그러므로 빨리 원인을 찾아 대책을 세울 필요가 있다.

여기에서는 왜 좌절하는 엘리트가 늘어나는지 생각해본다. 결론부터 말하자면, 엘리트야말로 인정욕구의 최대 희생자이다. 엘리트라 불리며 사회의 인정을 받아온 사람들은 3가지 불행을 짊어지고 살기 때문이다.

높아지는 기대에 부응할 수 없어 좌절한다

첫 번째 불행은 말할 것도 없이 기대 그 자체가 크

다는 점이다.

대기업이나 주요 정부 기관의 관리직으로 일하는 엘리트는 대부분이 일류대학을 졸업했거나 어려운 시험을 뚫고 채용된 사람들이다. 그러므로 주위에서는 그를 '우수한 사람'으로 평가하고 당연히 일을 잘하리라 생각한다. 그만큼 기대치가 높은 것이다.

본인 역시 어릴 때부터 우등생으로 자랐고 시험에서도 좋은 결과를 냈기 때문에 자신이 우수하다고 믿어 의심치 않는다. 이른바 '엘리트 의식'을 가지게 되는 것이다.

사회생활 초반에 이들은 주위의 기대에 어느 정도 부응한다. 사회 초년생 때에는 늘 배우거나 외우는 게 중심이고 실무도 비교적 일정하다. 즉, 답이 정해져 있는 업무가 대부분이다. 따라서 수험 수재로서의 능력을 마음껏 발휘할 수 있다. 실제로 채용 후 2~3년은 수험 수재가 직장에서도 높은 평가를 받는 일이 많다.

그러다 서서히 중요한 일을 맡게 되어, 혼자 협상에 나서거나 후배를 이끌어야 하는 기회가 늘어나면서 전처럼 일이 매끄럽게 진행되지 않기 시작한다. 또 때로는 학력이 그렇게 높지 않은, 밑바닥에서부터 올라온 사람보다 평가가 떨어질 때도 있다. 그래도 그들은 여전히 자신의 우수함을 믿어 의심치 않는다. 자신의 평가가 낮은 것은 자신을 제대로 활용하지 못하는 회사와 상사에게 문제가 있다는 식으로 생각한다.

그리고 드디어 책임 있는 지위에 올라 더 중요한 일을 맡았을 때 그들의 진가가 시험받는다. 거기서 요구되는 능력은 수험이나 입시에서 발휘할 수 있는 능력과는 전혀 다른 것이다. 그럴 때 생각처럼 결과가 나오지 않으면 주위 사람들도, 자신도 낙담한다. 이런 패턴은 꽤 흔하다.

**그동안 인정받았던 재능이
쓸모없어져 좌절한다**

"공부머리와 일머리는 다르다"는 말을 들어본 적 있을 것이다. 실제로 사회생활을 하다보면 이 말을 실감하는 경우가 많다.

과거에는 직장에서도 수재가 힘을 발휘했었다. 풍부한 지식이 있으면, 답이 정해진 문제를 푸는 능력이 있으면, 상당수의 일은 무리 없이 해낼 수 있었기 때문이다. 엘리트들이 가진 특유의 성실함과 근면함은 그대로 일의 성과로 이어졌다. 그런데 시대가 바뀌면서 상황이 크게 변했다. 가치의 원천이 하드웨어에서 소프트웨어로 옮겨지고, 정형적인 업무나 기존의 지식만 활용하면 되는 일은 인공지능이 대체하게 되었다. 요컨대 엘리트로서의 능력이 완전히 경쟁력을 잃은 것이다.

지금 일하는 사람들에게 요구되는 요소는 감각과 번뜩임, 직감, 감성, 주어진 정보를 편집하는 독창성과 창의성, 독특한 개성이다. 평생 엘리트 위치에 있던 이들이 이런 현실을 맞닥뜨리면서 앞서 나온 청년처럼 모든 걸 내려놓는 일이 벌어지는 것이다.

다른 한편으로는 학교 공부나 시험 등에 대한 자기효능감은 높은데 일에 관한 자기효능감은 처음부터 낮은 사람도 있다. 다행히 그들은 객관적으로 자기 실력을 인식할 수 있어서 갑자기 자신감을 잃고 추락하는 일은 드물다.

그래도 전체적으로 보면 학력과 업무 능력의 상관관계는 줄어들고 있고 그것은 곧 기대와 실력의 격차가 벌어지는 것을 의미한다. 그게 '엘리트'에게 있어서 두 번째 불행이자 가장 큰 불행이다.

기대를 낮추지 못해 좌절한다

그리고 세 번째 불행은 그들이 기대치를 떨어뜨리지 못하는 점이다. 떨어뜨리지 못하는 몇 가지 이유가 있다.

우선 객관적 사실로 현재의 대우가 좋은 점을 꼽을 수 있다. 대기업이든 주요 정부 기관이든 최고의 급여나 복리후생을 받고 있어서 무난하게만 일하면 정년까지 고용이 보장되고 나름의 지위도 얻을 수 있다. 그 때문에 대부분은 훌륭한 조건을 잃고 싶지 않아 한다. 앞날이 보장된 탄탄대로에서 벗어나는 것 자체를 그들은 좀처럼 받아들일 수 없는 것이다.

또 그들은 어릴 때부터 공부나 시험, 그리고 취직까지 부모나 교사 등의 주위 기대에 계속 부응해왔다. 그 과정에서는 노력이 반드시 열매를 맺어 주위의 기대에 응할 수 있었다.

그런데 실제 사회의 일은 노력이 확실히 성과로 이어질 만큼 단순하지 않다. 성과를 올리는 방법 자체가 확립되어 있지 않고, 미지의 요소나 부조리한 일들에 성과가 좌우되는 일이 많다. 그런 환경에서 살아남은 경험이 없는 엘리트들은 노력이 성과로 이어지지 않는 사태에 직면했을 때 당황하고 만다. 주위에 실망을 안겨주는 일, 즉 기대를 낮추는 데 익숙하지 않기 때문이다.

게다가 그들 대다수는 어릴 때부터 다른 걸 희생하고 공부에만 몰두했고 학력만을 자랑으로 여겨왔다. 바꿔 말하면 학력 외에는 달리 자랑스러운 것도, 자신 있는 것도 없다. 그렇기에 학력이 통용되지 않는다는 걸 안 순간 마음을 추스를 수단이 없어 스스로를 궁지로 몰아넣는다.

또 하나의 걸림돌은 성공 경험을 쌓아온 그들의 '자존심'이다. 그게 '기대 낮추기'를 방해한다.

누구보다 열심히 일하던 직원이 갑자기 퇴사하는 경우, 시험형 엘리트일 가능성이 크다. 앞서 이야기했던 덴츠의 다카하시 마쓰리가 자살한 배경 분석에는 "고학력으로 지금까지 순조롭게 경력을 쌓아온 사람은, 일이 실패했음을 인정하거나 사람들 앞에서 포기하는 선택지를 무의식적으로 피하는 경향이 있습니다. 끝까지 포기하지 않고 끈기 있게 밀고 나가 성공했던 경험이 오히려 '퇴사'라는 쉬운 선택을 가로막았을지도 모릅니다."

이처럼 엘리트 중에는 자신의 능력보다 많은 기대를 스스로 끌어내리지 못하는 사람이 많다. 기대에 부응하지 못하면 할수록 자기효능감은 더욱 떨어진다. 그 결과 '인지된 기대'와 자기효능감의 격차가 점점 더 벌어지는 악순환에 빠지는 것이다.

앞서 설명한 바와 같이 우울증이나 은둔형 외톨이가 되기 쉬운 사람, 과로 자살에 쫓기는 사람에게는 주위의 기대를 줄이지 못하는 경향이 엿보인다. 이른바 '엘리트'의 경우 여기에 더해 기대 그 자체가 크므로, 타인의 기대와 인정이라는 짐을 내려놓는 일에서 벗어나는 게 더욱 힘들다. 그리고 그 부담감의 배출구가 외부로 향했을 때 큰 사회문제가 일어날 수 있다.

3. 인정욕구가 똑똑하고 성실한 사람을 문제아로 만든다

'기업 내 부정 행위'라고 하면 특정 조직의 구성원 여럿이 가담하여 일으킨 범죄라는 생각이 들기 마련이다. 그러나 조직적인 범죄는 말 그대로 조직적인 의사에 따라, 혹은 조직을 지키기 위해 벌어진 범죄처럼 보여도 실제로는 조직을 이용해 개인의 이익을 추구한 결과일 때가 적지 않다.

'개인의 이익'이 금전적인 이익에 국한되는 건 아니다. 경제적으로 풍요로운 시대인 만큼 오히려 명예나 지위를 지키려고 저지르는 범죄가 늘어나고 있다. 영국의 유명 저술가인 콜린 윌슨도 현대의 범죄가 "매슬로가 말하는 하위 욕구에서 상위의 '자존의 욕구'와 관련되는 쪽으로 이동하고 있다"고 지적한 바 있다.[3]

경제적인 면에서 풍족한 엘리트의 경우, 그런 경향이 더욱 강하다.

계속 인정받고 싶은 마음이
엘리트들을 범죄의 덫으로 밀어넣는다

주위의 높은 기대에 미치지 못함으로써 느끼는 자괴감, 기대와 실력의 격차를 메울 방법을 모르는 자신, 이것이 드러나 더 이상 인정받지 못하게 되면 어찌니 하는 두려움…. 관료 사회나 대기업에는 이런 '인정욕구의 강박'에서 도망치지 못하는 사람이 늘고 있다.

사람은 강박에 매여 조종당한다. 정신을 차려보니 불법을 저지르고 있을 때도 있고 위법인 줄 알면서도 어쩔 수 없이 행동하는 사람도 있다.

오랜 세월 법무 공직자로 교정 시설에 근무한 경험이 있고 일본범죄심리학협회 회장도 역임한 니타 겐이치가 엘리트들이 범죄로 치닫는 원인에 대해 설명한 글이 있는데, 조금 길지만 소개하겠다.[32] 사실 지금 시대에는 부적절한 표현도 포함되어 있으나 취지를 지키기 위해 그대로 소개하니 양해하길 바란다.

> 업무상 범죄는 현재 상태에 안주하고 싶지 않다거나 상승 지향 욕구가 강한 사람이 저지르기보다 떨어질까 두려운 사람이 저지르는 경우가 압도적으로 많다. 그들의 범죄 동기에는 실패에 대한 공포가 깔려 있다. 사업이 부진하거나 일이 원활하지 못해 신분이나 지위의 상실, 세간의 평판 저하, 가족의 생활 불안, 생활 수준의 급락 등 지금까지 누리고 있던 유무형의 자산을 잃고 싶지 않다는 퇴행 불안에 시달리다가 결국 일탈에 빠지는 것이다. 합법과 비합법의 경계가 모호한 현대사회에서는 이런 일이 더 쉽게, 자주 일어난다.
> 이와는 또 다른 기제로, 실패 공포는 조직적인

범죄자에게도 찾아온다. 인간의 심리에는 새로운 걸 얻을 수 있느냐 없느냐의 불안보다 이미 얻은 것을 유지하느냐 잃느냐의 불안이 훨씬 크다. 따라서 이미 많은 걸 가지고 있는 사람일수록 실패와 상실의 불안이 더욱 크다. 상사의 평가가 낮아져 지금의 자리를 잃는 건 아닐까, 그 결과로 자존감에 상처를 입어 평온하고 행복한 사생활에 지장이 생기지 않을까. 그런 불안이 달성 욕구와 안팎을 이루어 내면에서 그를 위협한다. 기업 경영자의 경우, 애써 쌓아 올린 사업의 붕괴를 두려워한 나머지 위법행위로 내달리는 예가 많다.

구체적인 예로 수혈에 의한 HIV[e] 감염 소송 사건을 꼽을 수 있다. 1980년대 후반, 혈우병 환자를 중심으로 HIV가 섞인 혈액을 수혈하여 다수의 에이즈 환자가 발생해 500명 이상 사망한 일이 있었다.

---

e 인간 면역결핍 바이러스. 에이즈를 일으키는 원인 바이러스이다. -편집자 주

이 사건으로 후생성 에이즈 연구팀의 리더였던 아베 다케시가 업무상 과실치사 혐의로 체포, 기소되었다. 재판에서는 혈액 투여의 위험성을 예측했는지를 놓고 다툼이 벌어졌는데 아베는 1심에서 무죄를 받았다. 그 후 검찰이 항소했으나 아베가 인지저하증 등을 앓고 있다는 이유로 공판 절차가 중지되었고 그는 2005년에 88세로 세상을 떠났다.

이 사건에서 나는 책임 소재와는 별도로 아베 개인의 심리에 주목한다.

아베는 일본에서 에이즈 1호 환자를 발견하며 명성을 얻었는데 권위자가 되기까지 그는 도쿄대학병원에서 혈우병을 연구하면서 50세가 넘도록 무급으로 일했다. 당시 그는 양심적인 의사로 환자 가족의 존경을 받았다. 그런데 염원했던 명예와 지위를 손에 쥐자 달라졌다. 그는 이 사건이 발각되어 권위와 권익을 잃을까 초조해져 환자를 생각하는 마음은 거의 잃고 자

신의 학술적인 이론만 고집했다.

좀 더 인정받고 싶고 주목받고 싶다는 적극적인 인정욕구보다 일단 획득한 평가와 평판을 잃고 싶지 않다는 소극적인 인정욕구가 강한 집착을 불러왔다. 특히 고생해 얻은 평가와 평판일수록 집착도 강해, 때로는 정의감이나 윤리관까지 억압한다는 것을 증명하고 있다.

남들이 기대하는 능력과
실제 나의 능력 사이

'엘리트' 하면 떠오르는 전형적인 캐릭터가 정부의 고위 관료, 의사나 변호사, 금융계 같은 전문직에 종사하는 사람일 것이다. 그런데 경제 기관에서 일하는 관료들의 부정이 이어져 세간의 관심이 집중되며 비판의 화살을 맞고 있다. 나는 이것이 어떤 의미에서 엘리트의 굴절된 인정욕구를 상징한다고 본다.

우선, 관료들의 부정이 어떤 배경에서 일어나는지

미루어 살펴보자. 과거 관료의 모습을 떠올리는 데 적합한 소설이 있다. 시로야마 사부로가 실제 관료를 모델로 쓴 1975년의 작품《관료들의 여름》이다. 관료를 다룬 작품으로 드물게 인기를 얻어 드라마로도 제작되었다.[33]

소설에서는 국가의 경제 정책과 관료 인사에 대해 긴 안목으로 토론하는 열띤 마음과 높은 뜻을 지닌 통산성 관료들의 모습이 그려진다. 이 소설 속 등장인물처럼 당시 관료들에게는 자신이 국가를 움직인다는 자부심과 기개가 느껴졌다. 좋든 나쁘든 진정한 의미에서 엘리트 의식이 있었던 것이었다.

그런데 최근 중앙관청 관료들의 이야기를 들어보면, 예전의 '엘리트 분위기'는 사라지고 의식이나 행동 면에서 일반 샐러리맨과 별다른 차이가 없어 보인다. 신분의 안정성과 사생활 보호를 빼면 일반 기업의 사원보다 훨씬 못하다고 한탄하는 관료들도 있다. 그들과 만날 기회가 많은 지자체나 기업, 업계 단체 등 관련자들도 대부분 관료에게 예전과 같은 존엄함이 느꺼지지 않는다고 말한다.

이유가 무엇일까? 이른바 '정치 주도'와 내각 인사국의 설치 등으로 관료의 실질적인 권한이 축소되고 낙하산이 크게 제한된 점, 지방분권화로 지자체에 미치는 영향력이 줄어든 것 등이 원인일 것이다.

그리고 또 하나 중요한 것이 '자기 효능감의 저하' 아닐까?

예전에는 학력만이 아니라 다른 능력도 뛰어난 최고의 인재들이 관료 세계에 모여들었다. 그런데 최근에는 외국계 금융기관이나 연구소, IT 기업이나 스타트업에 취직하거나 창업하는 인재들이 늘고 있다.

업무 내용의 변화도 크다. 행정 세계에서 정보화 등으로 업무 내용과 일에 필요한 요소가 달라져 수험 수재형 능력이 통용되지 않고 있다. 또 각종 비영리단체나 민간 기업 등과 경쟁하는 일도 늘어나 공적 업무라고 해서 더는 관료들의 독무대가 아니다.

그러니 업무 측면에서의 자기효능감, 쉽게 말하면 일을 수행하는 능력에 대한 자신감이 떨어지는 한편

나이나 근속연수와 함께 기대는 점점 커진다.

원래 기대는 실력의 향상과 같이 높아지는데 연공서열제 아래에서는 실력과 거의 관련 없이 기대만 높아진다. 연공서열은 경험에 따라 일의 능력도 당연히 높아진다는 걸 전제로 만들어졌기 때문이다. 문제는 업무 내용과 요구되는 능력이 예전과 달라졌음에도 불구하고 그 전제가 바뀌지 않은 데에 있다.

조직 내의 평가와 평판에
매달릴 수밖에 없는 구조

이 같은 부조리와 모순이 표면에 드러나지 않도록 지켜주는 게 관료 조직이다.

관공서 안에서는 외부와의 경쟁에 직접 노출되지 않으므로 자기효능감 저하를 피할 수 있다. 즉 인지된 기대와 자기효능감의 격차를 느끼지 않고 지낼 수 있다. 뒤집어 말하면 관료는 조직에 그만큼 의존한다는 뜻이다. 이로 인해 앞서 설명한 인정욕구의 강박과 관련된 세 가지 요소 중 세 번째인 '문제의 중요성'이 더 커지고, 그 결과 그들의 관심은 자연스럽게 조직 안으로 향한다.

사회학에서는 개인의 가치관이나 태도, 행동의 기준이 되는 집단을 '준거집단'이라고 하는데 관료들의 준거집단은 자신이 속한 조직, 구체적으로는 관청이나 부서라는 작은 세계로 한정되는 것이다.

그럼 그들의 준거집단이자 그들의 지위와 평가를 지켜주는 관료 조직은 어떤가. 관공서에서는 대졸자를 일괄 채용하는 게 일반적이라 경력직 채용이나 중간 전출이 드물다. 일단 공무원 신분을 얻으면 지위와 신분, 보수가 보장되고 각종 복지 혜택도 받는다. 또 일본의 조직 특징상 개인의 권한과 책임이 불명확하고 집단 단위로 하는 일이 많다.

자연스럽게 인간관계가 농밀해지는 환경이다. 일상적으로 이루어지는 교류로 동료끼리 서로의 성격이나 사고방식을 알게 되고, 누가 언제 입사했고 어느 대학의 무슨 과를 나왔고 성적은 어땠으며, 누구 눈에 들어 언제 승진을 했는지 등 세세한 정보까지 파악하게 된다.

이처럼 관공서 조직은 일종의 공동체적 성격이 강하다. 원래 공동체는 가족이나 과거 농촌처럼 이해나 타산을 뛰어넘어 맺어지는 영속적인 집단인데 관공서에는 그와 유사한 특징이 남아 있는 것이다. 생각해보면 이런 특성은 비단 공무원 사회에만 적용되는 것이 아니라 일반 기업에서도 동일하게 찾아볼 수 있다.

게다가 조직 안에서 출세해 높은 자리에 오를수록 자신을 평가할 수 있는 사람은 더 줄어든다. 요컨대 거의 모든 직원들에게는 소속된 조직만이 유일한 안식처이며 자신의 지위를 평가하거나 자긍심을 지키기 위해서는 무슨 일이 있더라도 윗사람의 기대에 부응해야만 하는 처지인 것이다.

**누가 시키지 않아도
인정받기 위해 자신을 낮춘다**

2018년, 일본 사회에 커다란 정치적 혼란을 일으키며 세상을 떠들썩하게 했던 '모리가케' 문제에는 이런 관료의 처지와 행동 양식이 깊이 관여되어 있다.

학교법인 모리토모에 국유지를 매각하는 과정에서 결재 문서를 누군가가 임의로 수정했는데, 알고 보니 당시 재무성 국장이었던 사가와 노부히사가 문서에서 총리와 총리 부인의 이름이 기록된 부분을 삭제하라고 지시했다고 한다. 야당에서는 총리가 이 일에 관여된 것이 아니냐고 추궁했는데 국회에서 열린 증인 신문에서 사가와 국장은 위에서 받은 지시는 없었다며 "당시 담당 국장으로서 모든 책임은 제게 있습니다"라고 증언했다.

한편 학교법인 가케학원의 수의학부 설치를 둘러싸고는 가케 코타로 이사장과 개인적인 친분이 있던 아베 총리의 의향이 개입한 게 아니냐는 지적이 있었다. 하지만 여기서도 당시 총리 비서관이었던 야나세 타다오 씨는 가케학원 관계자와 총리 관저에서 면담한 사실은 인정했지만, 총리가 지시 한 바는 없었다고 주장했다.

두 사건 모두 정확한 진위는 알 수 없으나 관저 측

의 명확한 지시가 없었더라도 그들이 자발적으로 총리와 대신의 입장을 고려해 행동했을 가능성이 충분하다. 아니, 동기를 생각하면 그렇게 생각하는 쪽이 더 타당할 것이다. 흔히 관료 사회에서는 윗사람의 손을 더럽히지 않고 그들의 처지나 의중을 눈치껏 파악해 행동할 수 있는지로 능력이 평가되기 때문이다. 즉 짐작하여 알아서 먼저 처신하는 것이야말로 유능함, 신뢰의 증거인 것이다.

이는 관료라는 좁은 영역에만 적용되는 건 아니다. 각지의 관공서나 경찰 등에서 비리가 일어날 때마다 실감하는 것은 부정을 저지른 배경의 동기가 놀라우리만치 비슷하다는 점이다. 직원이 일으킨 사고나 범죄 은폐, 데이터의 축소 보고 같은 문제 대부분은 상사의 의중을 미리 살핀 부하 직원의 행동에서 비롯되거나 조직이나 동료에 대한 배려 때문에 일어난다. 그들은 미리 짐작하고 배려함으로써 인정받으려고 했던 것이었다.

**인정받기 위해 저지른 부정은
감싸줘도 된다?**

 앞서 인정이 부정을 막는 효과가 있다고 했다. 인정받으면 직업적 자존감이 높아져 위반하려는 힘을 억제하기 때문이다. 하지만 소개한 사례에서 알 수 있듯 인정의 강박에 사로잡히면 오히려 부정을 일으키기 쉽다. 이 모순을 어떻게 설명할 수 있을까.

 답은 앞에서 설명한 우울증, 은둔형 외톨이, 번아웃에 대해 말한 바와 같다. 인정받으면 자존감이 높아져 확실히 일에 대한 긍지도 생긴다. 그런 점에서는 인정이 부정을 막는 방향으로 작동할 것이다. 그러나 한편으로 인정받으면 중압감도 커진다.

 부하가 상사에게 높은 평가를 받아 전폭적인 신뢰를 얻었다고 해보자. 부하는 신뢰와 규칙 사이에서 갈등하다가 이를테면 규칙을 어기거나 죄를 짓는 위험을 감수하더라도 자신에게 쏟아진 큰 기대에 부응하려고 할지 모른다. 언론이나 여론의 비판은 받더라도 공동체 안에서는 동정과 인정을 받아 순직(殉職)한 것처럼 취급되기도 한다.

게다가 의리나 충성을 중시하는 조직 문화 속에서는 가령 규칙을 깨고 제재를 당하더라도 자존심은 크게 상처입지 않는다. 오히려 충성을 다하고 조직을 지켰다며 자랑스러워할지도 모른다.

성과를 내야만 한다는 중압감은 어떻게 일탈로 이어지는가

차이는 조금 있을지라도 공무원이든 직장인이든 사정은 크게 다르지 않을 것이다. 기업 부정을 일으키는 사원도 앞에서 설명한 공무원의 경우와 마찬가지로 인정욕구의 강박에 빠져 있다.

이번에는 조금 다른 각도에서 기업 비리의 배경을 살펴보자.

도시바는 2008년부터 7년에 걸쳐 경영 위기를 숨기기 위해 부정하게 회계 처리를 했다. 2015년에 그런 사실이 발각되며 기업의 생명이라고 할 수 있는 신뢰마저 잃었고 결국 경영진 퇴진이라는 궁지에 몰렸다.

회계 부정을 저지른 배경으로 경영진이 높은 수익 목표를 설정하고 도전이라는 이름으로 목표 달성을 강하게 밀어붙인 점이 지적되기도 했다.

2017년에는 고베제강소에서 검사 데이터 조작 사건이 일어났고, 닛산자동차에서 무자격 사원이 검사를 진행한 사실까지 연 이어 발각되어 높은 품질을 자랑해온 일본 제조업 전반이 흔들렸다. 두 회사의 부정에서도 촉박한 납품 기한과 비용을 최대한 낮춰서 거래해야 한다는 중압감이 배경으로 지적되었다. 같은 부정이 다른 제조업체에서도 속속 발각되었다.

이런 부정의 공통점은 부정을 저질러야만 했을 정도로 위에서 강한 압력을 가했다는 점과 부정이 장기간에 걸쳐 이어졌다는 점이다. 이는 부정을 낳는 조직의 구조와 풍토를 분석할 때 살펴볼 중요한 지점이자 동시에 부정을 저지르는 개인의 심리 상태를 헤아리기 위해서도 제대로 파악해야 할 부분이다.

**모두가 인정욕구에 빠져 허우적댈 때,
조직 전체가 부정에 빠진다**

중압감은 외적인 요소로 다뤄질 때가 많다. 그러나 중압감을 느끼고 행동으로 옮기는 건 개인이라는 점을 놓쳐선 안된다. 똑같이 중압감을 느꼈을지라도 부정을 저지르지 않는 사람이 있다. 부정한 일에 가담하지 않아도 회사에서 해고되거나 승진에서 누락되지 않는다.

부정을 저지른 사원은 '업무 목표치가 너무 높아서'라고 변명한다. 물론 개인 목표치를 달성하지 못하면 인사 평가에 영향을 주고 상여금이 줄어들 때도 있다. 그러나 뒤집어 말하면 불이익은 그 정도일 뿐이고 잘리는 것은 아니다. 최근에는 기업 윤리를 철저히 지킨다는 취지에서 개인 달성 기준을 폐지하고 팀으로 달성 목표를 바꾸는 곳도 늘어나고 있다.

그러니까 위에서 압력을 가한다고 하더라도, 할당이나 목표를 달성하지 못했다고 해도 잃는 것은 기껏해야 상사나 회사 내부의 암묵적인 신뢰나 평가다. 물론 이 또한 가볍게 넘길 수 있는 일은 아니다. 특히 일본의 경우 앞서 설명한 대로 회사 조직이 공동체 같은 성질을 지니고 있으므로 그 안에서의 신뢰와 평가는 본인의 인격적인 존엄에까지 관여한다.

또 한 가지 놓쳐서는 안 되는 사실이 있다. 부정이 오랫동안 이어진 것은 조직의 수많은 사람이 인정욕구의 강박에 빠져 있다는 뜻이다. 아마도 부정을 거부하는 사람들이 있었다면 적어도 관행으로 고착되지는 않았을 것이다. 직접 부정을 저질렀든 그렇지 않았든 대다수 직원이 강박에 빠져 있었기에 들통나지 않고 부정이 유지된 것이다.

부정이 있는데도 못 본 척하거나 적극적으로 조사하지 않은 경영자 역시 강력한 강박에 얽매여 있었을지도 모른다. 《기업의 부정은 왜 일어나는가》의 저자 이나바는 이런 현상을 '이사 대다수가 사내 이사이고 무엇보다 말단에서부터 올라온 사람들이므로 상사가 추진해온 프로젝트를 부정하는 일은 불가능에 가깝다'고 설명한다.

참고로 회계 부정을 저지른 도시바의 경우, 부정을 감시해야 하는 감사부가 있었지만 제대로 기능하지 못했다. 저널리스트인 오시카 야스아키는 그 이유를 '각 부서마다 돌아가며 감사부에 사람을 배치하는 관행이 있다. 결국 감사부 직원들은 그들의 상사에게 잘 보여야 했으므로 본연의 업무를 수행할 수 없었다"라고 분석했다.[34]

그렇다면 경영진의 폭주와 잘못을 감시하는 일은 노동조합에 기대할 수밖에 없다. 그러나 원래는 기업과 대치해야 하는 노동조합의 간부 자리도 실상 임원이 되기 위한 등용문이 되거나 나중에 기업조합의 리더가 되어 지방의원이나 국회의원이 되기 위한 코스로 여겨진다. 그야말로 '그 나물에 그 밥'인 셈이다.

요컨대 고위 이사와 노동조합 간부는 일반 사원보다 기업의 부정을 더욱 철저히 감시할 책임이 있음에도 이미 커다란 인정을 얻어봤기에 도리어 일반 사원보다 인정욕구의 강박에서 벗어나기가 더 어려운 것이다.

인정받고 싶은 마음이 불러오는 최악의 결과

때로는 더 큰 비극으로 이어진다. 부정 사건이 발각되면서 책임자가 스스로 목숨을 끊는 일이 발생하는 것이다.

그러나 자살학자인 후세 토요마사가 지적했듯 진짜 몸통보다는 부장이나 과장 같은 중간 관리자가 자살하는 사례가 많다.[35] 언론에서 종종 '책임을 느끼고 자살했다'라고 표현하는데, 사실은 오히려 사건이 폭로되었을 때 자기 붕괴가 일어나기 때문에 자살에 이른다고 한다. 또 옛날부터 일본인은 일에 실패하면 할복을 시도하는데 사회학자인 이노우에 타다시는 그 이유를 순수한 책임감 때문이 아니라 '체면이 구겨졌다'고 생각하기 때문이라고 분석했다.[36] 그런 극단적인 선택 또한 인정욕구이자 자존의 욕구와 깊은 관련이 있는 것만은 틀림없다.

조직 안에서 부정이 발각되면 강제 수사가 시작되고 체포되는 사람도 나온다. 직장 분위기가 급변하고 공동체 특유의 허심탄회한 대화나 인간관계가 자취를

감출 수밖에 없다. 회사 동료들을 이어왔던 연대가 단절되는 것이다.

회사 밖의 사람과 교류하는 일이 많아 조직 사람 이외에 열린 관계가 훨씬 많은 경영자와 달리 중간 관리자들은 공동체 밖의 인간관계가 많지 않다. 그러므로 비리에 책임을 지는 과정을 거치며 공동체 안에서 설 곳을 잃었을 때 자신의 입지도 안식처도 사라진다. 더 나아가 정체성과 자긍심도 무너진다

조직 안에서 일하는 사람들, 특히 자신이 일을 잘한다고 생각하는 사람의 경우 오로지 조직 안에서만 인정욕구를 채울 수 있다. 그렇기에 그곳에서 인정을 잃었을 때 더 큰 절망의 늪에 빠지는 것이다.

4. 인정받고 싶은 마음이 도덕적 해이를 불러온다

2018년 5월, 일본 한 대학의 미식축구 선수가 악질적인 태클 반칙을 연이어 저질렀다. 이 사건은 가해자 본인에게 책임을 묻는데서 그치지 않고 감독이 반칙을 지시했다는 점과 미식축구라는 조직의 문화, 나아가 대학의 체제까지 비판의 대상이 되는 등 파문이 커졌다.

그 후 마치 판도라의 상자가 열린 듯 레슬링, 복싱, 체조, 역도 등 아마추어 스포츠에서 지도자가 선수에게 폭력을 행사하고 갑질을 했다는 의혹이 쏟아졌다.

그 이면에는 역시 강박적인 인정욕구가 숨어 있다.

지금 인정받지 못하면 다시 기회가 오지 않을까봐

우선 미식축구부의 태클 사건을 살펴보자.

가해자인 선수는 대학세계선수권대회 일본 대표로 선발되어 가족과 친구에게 축하를 받았고 그 점을 무척 자랑스럽게 생각했다. 그런데 감독에게 의지가 부족하다는 지적을 받았다고 한다. "코치는 제가 변하지 않는 한 연습에도 시합에도 나오지 말라고 했고 감독은 대표를 그만두라고 성화를 부렸습니다. 그런 상황에서 상대 쿼터백을 혼자 막으면 시합에 나가게 해주겠다는 제안을 받았죠."

궁지에 몰린 그는 고민 끝에 마음을 정했다. "인정받고 싶었습니다. 나에게 다음 기회는 주어지지 않을 수도 있다는 생각으로 경기에 임했어요" 결국 플레이 중이 아닌데도 그는 상대 선수를 뒤에서 태클해 큰 부상을 입히고 말았다.

그가 폭력적인 반칙을 저지른 배경에는 일본 대표

라는 지위를 잃고 싶지 않다는 강력한 집착이 존재했다. 위에서 가하는 압력으로 부정을 저지른 사원과 같은 상황이다. 그의 마음속에는 가족이나 친구 등 주위의 기대에 어긋나고 싶지 않고 자부심을 잃고 싶지 않다는 인정욕구에 대한 강박이 있었을 것이다.

이 사건에 관해 대학생을 대상으로 한 설문 조사를 실시했는데, "감독의 기대에 응하기 위해 규칙을 위반한 선수의 처지를 이해할 수 있나요?"라는 항목에 응답자의 59퍼센트가 '이해 할 수 있다'라고 대답했다. 누구라도 반칙을 한 미식축구 선수의 입장이 될 수 있다는 말이다.

타인의 인정에 의존할 수밖에 없는 사람들

스포츠 지도자는 선수와 달리 외부로 드러날 기회가 적다. 그럼에도 불구하고 그들 가운데 상당수가 자신의 생활을 희생하면서 선수 지도에 열정을 쏟는다. 그들이 얻는 보람은 선수의 성장과 팀의 활약, 선수 혹은 보호자나 관계자의 존경과 감사일 것이다. 스포츠 지도자들은 거기에서 달성 욕구와 더불어 인정욕구를 채운다.

하지만 아무리 정성을 기울여 지도해도 반드시 성과를 거두리라는 보장은 없다. 선수들에게 존경과 감사를 받는다는 보장도 없다. 그렇다면 어쩔 수 없이 단기적인 성과나 인정을 쫓게 된다. 그러면서 폭력이나 갑질이 나타난다.

묘한 것은 지도자도 선수의 인정에 의존할 수밖에 없다는 것이다. 그렇기에 겉으로 보기에는 지도자가 선수를 관리하고 있으나 내면적으로는 오히려 지도자가 조종당하고 있는 경우도 많다.

회사에서도 그런 현상이 종종 일어난다. 이를테면 상사는 부하가 인정해주지 않으면 지도력을 발휘할 수 없어 관리로서 자질이 부족하다는 낙인이 찍힌다. 하지만 부하에게 대놓고 자신을 인정해달라고 말할 수는 없다. 실상 부하가 상사에게 의존하는 것 이상으로 상사도 부하에게 의존하고 있는 것이다.

살펴 보면 인정을 둘러싸고 윗사람이 아랫사람에

게 무언가를 바라면서 일어나는 사건은 너무나도 많다. 공무원이 관련된 뇌물 사건이나 정보 유출 사건도 동일한 이유로 일어난다.

인허가 등의 권한을 쥔 공무원에게 접근하는 업자가 있다. 의도를 알기에 처음에는 거리를 두려고 하지만, 친분이 생기면서 공무원도 업자에게 든든하게 보이고 싶고 기대에 응하고 싶은 마음이 싹튼다. 그러다 보면 비리가 생기는 것이다.

경찰 같은 직업을 갖고 있는 사람은 단속 대상과 친해지면 상대의 기대에 부응하고 싶은 마음이 생겨 수사 정보를 흘리거나 범죄를 봐줄 때가 있다. 입찰 정보 유출 등의 비리가 일어나기도 한다. 앞서 다룬 '칭찬 사기'까지는 아니지만, 친해져서 상대가 자신을 높여주면 결국에는 그에 응하려는 마음이 생겨 오버를 하고 마는 것이다.

이렇게 윗사람과 아랫사람이 서로 상대의 인정에 의존하는 관계가 되면 더 큰 문제가 생긴다. 큰 문제가 있다는 사실을 인지하고도 나서서 바로잡기가 어려워지는 것이다.

엄격한 처벌 규정보다
훨씬 큰 힘을 발휘하는 인정욕구

부정이 언론에 알려져 세상을 시끄럽게 한다. 그런 일이 생기면 최근에는 책임자가 기자회견을 열고 깊이 고개를 숙이면서 사죄한다. 그리고 "두 번 다시 이런 일이 일어나지 않도록 관리를 철저히 하겠다"거나 "관계자를 엄중히 처벌하겠다"라며 틀에 박힌 성명을 읽어 내려간다. 관례가 되어버린 장면이다. 그런데 그렇게 사죄를 하고도 같은 조직에서 부정이 또 일어나는 경우도 잦다.

신입사원의 과로 자살이 발생했던 덴츠는 1991년에도 사원의 과로 자살이 발생해 재판에서 직원에 대한 안전 의무 위반이라는 판결을 받았다. 유키지루시 유업은 2000년에 집단 식중독 사건을 일으켰는데 2년 후인 2002년에는 같은 그룹인 유키지루시 식품에서 소고기 원산지 허위 표기 사건이 발각되었다.

미쓰비시 자동차 역시 2000년 이후에 조직적인 리콜 은폐가 드러나 파산 직전까지 몰렸음에도 불구하고 2016년에 다시 자동차 연비 데이터를 조작한 것이 발각되었다.

이런 부정이 되풀이되면 언론은 기업 체질에 문제가 있다고 단정한다. 그러면서 상부에 투명하게 보고할 수 없는 조직 풍토나 폐쇄적 조직, 소통의 부재 등을 지적한다. 조직의 구조적, 풍토적인 문제가 부정의 배경에 있음을 부인하기 어렵다. 그러나 이는 빙산의 일각만 보고 판단한 것에 불과하다.

실제로는 조직에서 이루어지는 비리의 많은 부분이 공동체의 평가와 신뢰를 잃고 싶지 않다는 개인의 인정욕구에서 시작되기 때문이다. 이 점을 간과하면 애써 만든 재발 방지 대책도 소용없어져 오히려 같은 부정이 되풀이되기 쉽다.

이미 많은 기업에서 부정 방지를 위해 윤리 엄수를 강조하고 있다. 구체적인 대책으로, 담당자 혼자 확인해왔던 수치를 상사가 이중으로 확인하거나 출장에 상사가 동행할 것을 의무화한다. 나아가 결재 라인에 더 많은 관리자가 추가된다.

이로 인해 조직의 상하 관계는 더 공고해지고 부하는 상사의 의향을 더 열심히 헤아리려고 하는 한편 당사자 의식은 줄어들어 책임감도 약해진다. 그렇게 되면 실수를 막거나 정의를 지키려는 주체적인 행동은 기대할 수 없다. 더구나 관리가 강화되고 제재가 무거워지면 실수를 했을 때 처분이 두려워 숨기려고 한다. 그것이 관례처럼 굳어져 큰 문제를 일으키는 원인이 되는 일이 적지 않다.

또 하나 놓쳐선 안 되는 것은 외부의 비판이 거셀수록 공동체에 더욱 강하게 의존한다는 점이다.

부정을 저지른 기업이나 관공서 직원들은 조직 밖으로 한 걸음만 내디디면 차가운 시선에 노출된다. 그러면 오히려 어떻게든 조직 안에 틀어박혀 조직에 매달릴 수밖에 없다. 폭설이 몰아칠 때는 따뜻한 실내에 머물고 싶기 마련이다. 게다가 앞서 설명한 인지적 부조화 이론이 알려주듯 세상의 시선이 엄격해질수록 자기가 처한 상황과 행동을 정당화하기 위해 구성원들은 공동체에 더 충실하려고 한다. 이 같은 이유로 '부정→관리 강화→또 다른 부정'이라는 이해하기 어려운 악순환이 일어난다.

사람에게 의지함으로써 성공했지만
사람에 의지하기에 풀리지 않는 문제들

기업이든 관공서든 조직의 부정은 대부분이 닫힌 공동체 안에서 일어난다. 외부에서 감시하고 점검하려고 해도 한계가 있다. 그래서 부정 적발 수단으로 기대를 모으고 있는 게 내부 고발 제도다. 내부 고발한 사람을 보호하기 위한 공익제보자 보호법이 제정되어 내부 고발자에게 사업자가 해고나 강등 등 불이익을 주지 못하도록 했다.

그러나 이 제도는 큰 힘을 발휘하지 못하는 듯하다. 부정이 발각된 기업 대부분에도 내부 고발 제도가 존재했으니 말이다. 회계 부정을 저지른 도시바의 경우, 제삼자 위원회 보고서에도 '내부 고발 제도가 충분히 활용되지 못한 것으로 추측된다'라고 분명히 적혀 있다. 부정을 되풀이한 미쓰비시 자동차에도 내부 고발 제도가 있었지만 부정행위의 조기 발견으로 이어지지는 못했다.

여기에서도 인정욕구의 강박이 장애가 되고 있음을 짐작할 수 있다. 내부 고발자는 공익에 공헌했을지언정 회사와 직장이라는 공동체에서는 배신자로 여겨진다. 제도의 보호를 받아 처우 면에서는 직접적인 불이익이 없더라도 상사와 주변 사람에게 신뢰를 잃는다. 특히 자신의 고발로 회사나 동료가 손해를 본다면 고립무원(孤立無援)의 상태를 각오해야 한다.

사회생활을 하는 사람들은 준거집단, 즉 자신의 능력과 인격을 평가받는 곳이자 자긍심을 느끼는 곳은 직장이라는 생각을 갖고 있다. 공익을 위해 신고하라고 하는 게 얼마나 힘든 일이며 비현실적인 일인지를 이해할 필요가 있다.

그런데 최근 들어 지도자의 갑질을 내부 고발하는 움직임이 일어나고 있다. 고위 관료가 기자에게 한 성희롱 발언이나 지자체장이 직원을 성희롱한 사건이 피해자의 고발로 알려지는 사례도 있었다.

둑이 무너지듯 일어나기 시작한 내부 고발의 움직임을 보며 드디어 공고한 조직들이 변하는구나 싶었는데 외국인 유학생에게서 뜻밖의 이야기를 들었다.

"우리는 부당한 일을 당하면 그 자리에서 항의합니다. 왜 당신들은 바로 그 자리에서 이상하다거나 그만뒀으면 좋겠다고 말하지 못하나요?"

그의 말이 맞다. 그 자리에서 항의하면 나중에 고발할 필요조차 없을 것이다. 하지만 우리 사회는 바깥세계와 격리된 '공동체'의 성격이 강하기에 조직의 일원들은 인습적인 내부 규범과 인간관계를 더 중요하게 의식하고 거기서 인정을 잃는 일을 극도로 꺼린다. 이런 성향으로 인해 아무리 훌륭한 제도를 만든다 해도 해결되지 않는 사회 문제가 나타나는 것이다.

4장

인정욕구에서
해방되기

1. 타인의 기대라는 무게에 짓눌리지 않는 법

모든 이의 마음 깊은 곳에 숨죽이고 있는 인정욕구. 그 욕구가 무의식 속에서 정신적 부담이 되어 본인의 뜻과는 달리 무리하게 만들거나 자유를 빼앗기도 한다. 때로는 그것이 과로사나 과로 자살, 범죄, 조직 부정이라는 중대한 사태로 이어질 때도 있다.

강박적인 인정욕구에서 벗어나기 위해서는 어떻게 해야 할까? 지금까지 알아본 대로 강박은 '인지된 기대', '자기효능감', '문제의 중요성'이라는 3가지 요소로 초래된다. 따라서 강박을 푸는 열쇠도 그 3가지 요소

안에 숨어 있다.

마지막 장에서는 '인정욕구의 강박'에 빠지지 않기 위해서는 무엇이 필요한지, 인정욕구라는 강박에서 벗어나기 위해서는 어떻게 해야 하는지 알아보겠다.

'더 잘하겠다'는 부담을 내려놓기

단순하게 생각해, 부담감에서 벗어나고 싶다면 스스로 기대를 받지 않으면 그만이다. 물론 그건 말처럼 그리 간단하지 않다. 애써 얻은 기대를 완전히 저버리면 이제까지 쌓아 올린 신뢰와 평가가 하루아침에 무너질 수 있다. 애당초 강박에 빠지는 이유도 그런 상황이 두려워서다.

그러므로 우리가 인정 강박에서 벗어나기 위해 가장 먼저 해야 할 일은 너무 커진 기대를 스스로 조절해 자기 능력에 맞는 수준으로 떨어뜨리는 일이다.

문제는 내가 결심했더라도 주위 사람들은 여전히 같은 수준의 기대를 갖고 나를 대한다는 점이다. 받고 있는 기대치는 실상 달라지지 않은 것이다.

앞서 소개했듯 병원에서 최우수 직원으로 표창을 받은 직원이 얼마 지나지 않아 퇴직하는 일이 벌어지고, 공장 시찰차 방문한 사장으로부터 "기대하고 있으니 잘해보게"라는 말을 들은 젊은 사원이 정신적 고통을 호소하며 휴직해버리기도 한다. 현장 이야기를 듣다 보면 이런 사례들이 아주 흔하다. 그래서 예리한 경영자는 이를 미리 알아차리고 대책을 세운다.

요시야라는 꽤 오랜 역사를 가진 과자 회사가 있다. 몇 년 전까지 이 회사에는 성적 우수자에게 포상금과 해외여행, 자동차 같은 고가의 상품을 주는 표창 제도가 있었고 그게 TV에 소개되면서 화제를 모았다.

행사에서 상금 500만 원을 받은 영업사원은 긴장한 얼굴로 말했다. "회장님, 이렇게 멋진 상을 주셔서 감사합니다. 앞으로 더 분발하겠습니다!"

그 말에 회장은 이렇게 응했다. "자네, 그 생각은 틀렸어. 우리는 자네가 과거에 이미 공헌한 바에 대해 상을 준 것일 뿐이야. 앞으로의 실적을 기대하고 표창한 게 아니라고. 물론 '또 이 상을 받고 싶으니 노력해야지'라고 생각한다면 그건 자네 자유이지."[37]

상을 받은 직원이 지나친 부담감을 가지지 않도록 사려 깊게 배려한 말이었다.

'바보'라는 말이 주는 해방감

기대를 받던 대학원생이 잇따라 학교를 그만두는 사례를 지인에게 이야기하자 그는 이런 이야기를 들려주었다.

자신은 대학원 때 스승에게 늘 "너는 바보니까"라는 말을 들었다고 한다. 물론 진심이 아니라 장난임을 알았기에 부담감 없이 편안하게 연구할 수 있었다. 그래서 교사인 지금, 자신도 비슷한 태도로 학생들에게 부담을 주지 않게 의식하며 대하고 있다고 했다.

여기에 괜한 부담감을 주지 않기 위한 힌트가 포함되어 있다.

'바보'라거나 '멍청이'라는 말을 아무렇지도 않게 농담으로 말하는 세계는 코미디 무대 뿐이다. 코미디에서는 진지하게 의견을 피력해야 하는 상황이 펼쳐

지지 않으니까 비교적 자아가 관여되는 순간이 적다.

학업이나 일에서 성과가 오르지 않을 때도 코미디 무대라고 생각하고 최대한 가벼운 마음으로 피드백을 받으면 자기 스스로를 과도하게 괴롭히지 않고 상황을 이해할 수 있다. 다만 때에 따라서는 괴롭힘이나 갑질로 보이기도 하므로 주의는 필요하다.

비슷한 맥락으로 매사 비장하고 진지한 경향이 있는 한국과 일본 사람들과 달리 미국 등의 다른 국가 사람들은 긴장하기 쉬운 순간에도 유머를 섞어가며 "Take it easy!(긴장 풀어)"라고 말을 건다. 그만큼 부담감을 주지 않고, 여유를 가지려고 늘 의식하는 것이다. 물론 그렇게 해야 일이 더 수월하게 풀린다는 것을 경험으로 체득했기 때문이기도 하다.

**개인의 노력과 제도적인 개혁이
함께 이뤄질 때**

기대의 무게에 짓눌리지 않기 위해서는 제도적인 개혁도 필요하다. 개혁의 핵심은 절벽에서 떨어지지 않도록 완만한 계단이나 슬로프를 만드는 것이다.

거듭 말하지만 강박적인 인정욕구로 괴로운 이유는 이미 획득한 평가나 신뢰 그리고 자신을 향하던 기대를 한꺼번에 잃으면서 자존감에 상처를 입고 자기효능감이 떨어지는 게 두렵기 때문이다.

특히 성실한 사람이나 완벽주의자일수록 그런 집착이 강해 자신이나 남에게 심각한 문제를 일으키기 쉽다. 그들에게는 '한 번이라도 실수하면 전체가 망한다'라는 사고방식이 존재한다. 따라서 실패했거나 뭔가 부족할 때 신뢰와 평가를 단숨에 잃을 필요가 없는 제도를 만들면 된다.

기업이나 관공서에서 가장 실행하기 쉬운 것은 인사 평가 제도 개혁이다. 일본의 인사 평가 제도는 태도나 의욕이라는 정서적인 측면의 비중이 커서 평가 기준도 상당히 모호하다. 또한 평가 결과는 불확실한 형태로 처우에 반영된다. 자연히 부하 직원은 평가자인 상사의 의중을 지나치게 의식하게 된다.

이를테면 아무리 일을 잘해도 자기가 다른 사람들

보다 늘 먼저 퇴근하는 사람으로 평가되고 있지 않은지 의식하게 된다. 상사에게 자기 생각을 주장하거나, 의욕이 없는 듯한 태도를 보이거나, 실수를 하면 평가에 큰 영향을 주지 않을까 하는 망상이나 의심으로 전전긍긍하는 일도 있다. 그것이 과도한 짐작으로 이어져 종종 과로나 부정이 발생한다.

따라서 인사 평가 제도에서 추상적이고 주관적인 요소를 최대한 배제하고 구체적인 사실에 근거한 평가 항목을 갖추어야 한다. 그리고 평가 기준은 사전에 공표하는 게 바람직하다.

말이 아닌 금전적인 보상으로 인정하자

기대라는 무게에서 해방될 때 유용한 도구가 또 있다. 앞 장에서 소개한 동남아시아에 진출한 기업의 현지 에피소드를 다시 떠올려 보자. '사원을 칭찬했더니 임금을 올려달라고 하더라'는 얘기를 들으면 '너무하다'거나 '어디 무서워서 칭찬 하겠냐'며 부정적으로 받아들이는 사람이 있을지도 모른다.

아마도 일본인 대다수는 인정은 무형의 보수니까 칭찬받은 것 자체에 가치가 있다고 생각할 것이다. 그러나 칭찬만으로 만족시키려는 의도는 열정 착취라는 비판을 받을 우려가 있다. 경제원칙에 따라, 공헌에는 금전적으로 보상하는 게 맞다.

이렇게 생각해 볼 수도 있다. 현지 직원들은 무의식적으로 인정에 의한 강박을 회피하고 있는 것이 아닐까? 칭찬만으로는 자신의 공헌이 얼마나 평가되고 있는지 가늠하기 어렵다. 앞으로 자신에게 무엇을, 얼마나 기대하는지도 모른다. 때문에 성실한 사람은 상사를 실망시키지 않으려고 스스로 목표를 한없이 높이고 그 무게에 괴로워한다. 그러느니 차라리 아무런 기대도 인정도 받지 않는 쪽을 택하는 것이다.

'공짜만큼 비싼 건 없다'라는 말처럼 금전적인 보상이 개입하지 않으면 오히려 성가신 것들이 따르기 마련이다. 실제로 칭찬받거나 기대를 얻어 부담감으로 괴로워하는 사례 대다수가 그런 패턴이다.

하지만 칭찬을 받음과 동시에 임금이 오르면 오른

금액만큼 평가된 셈이라 금액 이상의 심리적 부담을 느낄 필요가 없다. 즉, 금전적인 보상과 동시에 회사와 사원 사이의 부채가 청산되는 것이다. 사회학자 게오르크 지멜이 밝힌 바와 같이 돈에는 인간을 인격적인 복종에서 해방하는 기능이 있다.[38] '돈으로 해결하는 게 오히려 깔끔하다'라는 말은 그래서 있는 것이다.

돈으로 부담감에서 벗어날 수 있다는 점을 간접적으로 증명한 연구가 있다. 이스라엘의 한 어린이집에서는 지각한 보호자에게 벌금을 부과하기로 했다. 보호자가 맡긴 아이를 늦게 데리러 오면 직원은 하염없이 부모를 기다려야 하기에, 이런 일을 방지하기 위해 만든 제도다. 그런데 벌금을 부과하고 나서부터 지각이 줄기는커녕 오히려 늘었다.[39] 그 이유는 벌금을 통해 잘못에 대한 보상을 충분히 한다는 심리 때문이다.

벌금 제도가 없을 때에는 '직원이 아무런 대가도 없이 나를 기다리고 있다'는 심리적인 부담이 있었다. 하지만 벌금제가 시행되자 직원이 기다리는 것에 대한 대가를 치렀다고 생각하고 부담에서 자유로워진다.

이런 사례를 통해 책에서 지금까지 다룬 문제와 실패 사례 대부분은 돈으로 보상하는 제도만 마련하면 해결될 수 있음을 알 수 있다.

한국과 일본의 '오래 일하는 문화'도 마찬가지다. 초과 근무에 낮은 할증률을 적용하는 직장 문화 아래서는 야근하는 것, 유급휴가를 신청하지 않는 것이 회사에 대한 공헌 혹은 충성의 증거로 받아들여진다. 그러므로 공헌과 충성을 인정받기 위해서는 야근해야 하고 휴가를 남겨야 한다. 이런 일을 방지하기 위해서는 회사가 돈을 들여 초과 근무 수당의 할증률을 높이고 남은 휴가를 사들이면 된다. 그럼 사원들은 오래 일할수록 회사에 손실을 입히는 셈이기에, 상사나 동료의 눈치를 볼 필요 없이 정규 근무 시간에만 최선을 다할 것이다.

**명확한 제도를 통해
쓸데없는 배려를 없앨 수 있다**

그런데도 현실적으로 정책을 바꾸기 어려운 이유

는 경제 이론 속의 인간상과 현실적인 인간상 사이에 격차가 있기 때문이다.

경제 이론에 따르면 인간은 조금이라도 더 효율적으로 금전적인 이득을 취하려는 속성을 가진다. 이런 가설 아래서는 초과 근무수당의 할증률을 높이면 사원은 야근을 더 많이 할 것이고, 남은 유급휴가를 회사가 사들이면 휴가 사용률이 더 떨어질 것이라는 결론에 도달한다.

그러나 실제는 좀 다르다. 나를 포함한 주변 사람들 중에는 돈보다 인정받는 걸 중요시하는 '인정받으려는 사람'이 더 많다. 이들은 종종 경제적 손실을 감수하더라도 인정을 얻으려고 한다. 돈보다 명예가 더 소중한 것이다. 그래서 경제인과는 다른 선택을 한다.

그렇게 생각하면 인정을 얻으려고 굳이 경제적 손실을 감수하지 않도록 하는 것, 즉 경제원칙을 철저히 적용해서 회사와 사이에 부채를 남기지 않도록 하는 게 인정욕구의 강박으로부터 일하는 사람을 보다 자유롭게 만드는 일일 것이다.

다만 강박은 회사나 상사만이 아니라 동료에게서도 얻는다는 걸 기억하자. 주위의 인정을 중시하는 사람들 중에는 동료에게 인정받기 위해 혹은 폐를 끼치지 않으려고 야근을 하고 휴가를 신청하지 않는 사람들도 적지 않다. 그러므로 할증률 인상과 남은 휴가에 대한 금전적 보상을 제도화함과 동시에 개인 업무 분담을 명확하게 할 필요가 있다. 그러면 회사만이 아니라 동료를 쓸데없이 배려하지 않아도 된다.

종종 일본인이 유럽인이나 미국인보다 주위를 배려하는 게 문화의 차이라고 말하는 사람도 있다. 물론 "정시에 퇴근하는 것이 눈치 보여", "연차를 사용하기 부담스러워"라는 말에는 주위와 보조를 맞추는 게 좋다는 특수한 직장 문화의 영향도 있을 것이다.

그러나 프리랜서로서 프로젝트에 참가할 경우, 자기 일이 끝나면 주저 없이 퇴근한다. 당사자들도 프리랜서가 된 장점으로 주위를 괜히 배려하지 않아도 된다는 점을 자주 꼽는다. 요컨대 문화적인 배경을 고려하더라도, 그와 비슷하게 또는 그 이상으로 제도의 문제가 크다고 할 수 있다.

한편, "돈을 사용하면 성가신 문제들이 사라진다고 했는데 앞서 설명한 병원 사례에서는 최우수 직원에게 성과급을 줬더니 부담감을 느끼고 그만두지 않았습니까?"라는 반박이 있을 수 있다.

그러나 모순이 아니다. 병원의 경우 상당히 큰 액수의 성과급이 포상으로 주어졌다. 성과급의 액수가 컸기 때문에 적어도 수상자 본인, 나아가 주위 사람들은 그가 이룬 업적이나 공헌에 합당한 보상으로 여기지 않았을 가능성이 크다. 할증률이 낮은 초과 근무수당이 야근에 대한 정당한 대가로 보이지 않았던 것과는 반대지만 논리는 같다.

게다가 성과급을 받는 사람이 원장 재량에 따라 정해지므로 인지된 기대는 더욱 커졌을 게 분명하다. 즉 최우수 직원 수상자에게 주어진 금전적인 보상이 부담을 줄이기는커녕 더욱 무겁게 만든 것이다.

금정적인 보상을 받은 직원이 과다한 부담으로부터 자유로워지길 원한다면, 적절한 수준의 성과금, 과정의 공평성과 객관성이 확보되어야 한다. 업적마다 미리 점수를 정해두고 정산해 최고 득점자를 표창한다거나 선정위원회 같은 부서에서 심사해 공정성을 더하는 방법이 있다.

성과주의에는 '적당히 일할 자유'도 포함된다

기여도나 업적에 맞게 금전적인 보수를 주는 것을 우리는 성과주의라고 부른다. 성과주의라고 하면 보통 말의 코 앞에 당근을 매달고 달리는 것처럼 목표만 보고 전진하는 모습이 떠오른다. 개인적인 측면에서 봐도 성과주의는 노력해서 성과를 거두었을 때 큰 보수를 얻는 제도라는 이미지가 있다.

그러나 원래 성과주의에는 그 반대인 면도 있음을 주목하길 바란다. 순수한 성과주의는 스스로 성과를 낮춰 그에 상응하는 보수를 받을 자유도 포함한다.

택시 운전사나 성과제로 일하는 보험회사 혹은 증권회사 영업사원의 업무를 떠올려볼 수 있다. 실제로 택시 운전사 중에는 많은 월급도, 높은 평가도 필요

없다고 생각해 느긋하게 일하는 사람도 있다. 좀 더 단적인 예는 자영업이다. 돈을 많이 벌고 싶어 시작하는 사람도 많지만, 특정한 요일이나 시간에만 일하고 싶어서 혹은 소득이 줄어도 휴식 시간은 꼭 지키며 여유 있게 일하고 싶어 자영업을 택하는 사람들이 늘고 있다. 궁극의 성과주의로 생활하는 자영업자는 일하는 것도 쉬는 것도 자유다.

승진하지 않을 용기

계단이나 슬로프 얘기는 회사 내의 직급에도 해당한다. 연공서열제 아래서는 나이나 근속 연수에 따라 급여뿐만 아니라 직급도 올라간다. 실력과 상관없이 높은 자리에 오르는 것이다. 일단 승진하면 웬만한 일이 벌어지지 않는 한 그 자리를 보전할 수 있다. 따라서 높은 자리에 올랐으나 그 직책을 맡은 자에게 기대하는 바에 부응하지 못해 괴로워하는 일이 벌어지기도 한다. 이른바 '승진 우울증'에 걸리는 것이다.

이런 사람들이 늘어나면서 일부 관공서와 공립학

교 등에서는 '희망 강등 제도'를 채택하고 있다. 당연히 직급을 낮춰도 계속 일할 수 있고 스스로 원해 강등한 것이니 인정을 잃었다는 굴욕감을 맛볼 이유도 없다. 앞서 말했듯 자기효능감에 맞는 수준까지 자발적으로 기대를 낮추는 계단을 만드는 것이다.

이 제도는 조직 입장에서도 유용하게 사용할 수 있다. 높은 자리가 비게 되니, 연차는 낮지만 능력 있는 젊은 사원을 승진시킬 명문이 생기기 때문이다.

강등뿐만 아니라 다시 진급시키는 절차도 필요하다. 기대만큼 해내지 못한 것이 능력이 부족해서가 아니라 정신적, 육체적인 문제로 잠시 슬럼프에 빠진 경우도 있기 때문이다.

무엇보다 업무 내용과 환경 변화가 격렬하게 변화하는 현대 사회에서는 능력이나 기여도도 쉽게 변한다. 지금까지 기업의 인사 제도는 패자 부활의 기회가 부족한 토너먼트 형식에 가까웠으나 앞으로는 패자 부활이 가능한, 유연한 인사 제도가 더욱 필요하다.[40]

── **2. 자기효능감**

되찾기

지금까지 인지된 기대를 적정 수준까지 낮출 방법을 얘기했다. 그것이 인정욕구의 강박에서 벗어나기 위한 첫 번째 열쇠라고 한다면 두 번째 열쇠는 자기효능감의 향상, 즉 기대에 부응할 수 있다는 자신감을 가지는 것이다. 지금부터 자기효능감을 높이기 위해서는 어떻게 하면 좋을지 그 방법을 생각해보자.

성공은 다양한 모습이다

앞서 소개한 많은 연구와 조사 결과에서도 알 수 있

듯 아이 성인 할 것 없이 우리 사회의 대다수가 자기효능감이 낮은 것으로 밝혀졌다. '기대에 부응할 수 있다는 자신감'이 없는 점이 부담과 압박감을 느끼는 큰 요인인 것이다.

자기효능감, 즉 '하면 할 수 있어'라는 자신감을 가지는 데 제일 중요한 것은 성공 경험이다. 하지만 현대 사회에서는 성공을 경험할 기회 자체가 부족하다.

회사나 관공서에서는 부장, 차장 등 승진할 수 있는 자리의 수가 한정되어 있다. 누군가 부장이 되면 다른 사람은 부장이 될 기회가 사라진다. 인사 평가도 상대 평가라서 모두 노력해 성과를 올려도 누군가 높은 평가를 받으면 다른 사람은 높은 평가를 받을 기회가 줄어든다. 게다가 조직의 간소화, 수평화로 직급 자체가 줄어드는 추세다.

하나의 파이를 두고 어떻게 나눌지 결정하는 제로섬(zero-sum) 구조에서는 누군가가 활약하면 다른 사람이 힘들어지므로, '모두의 안녕을 위해'라는 명목으로 '튀는 못을 때려 박는' 분위기가 자리잡기 쉽다. 이런 환경에서 성공 경험을 쌓으려면 어떻게 해야 할까.

우선 되도록 주위와의 과도한 경쟁을 피한다. 닫힌 조직 안에서라도 각자의 목표나 경력을 놓고 서로 경쟁하지 않으면 타인의 발목을 잡을 동기는 생기지 않는다. 조직 안에서 출세하고 싶은 사람, 한 분야에 천착하여 전문성을 얻고자 하는 사람, 월급이 적더라도 느긋하게 일하며 살고 싶은 사람 등 저마다 자신이 원하는 길을 걸으면 그만이다.

그런 점에서 요즘 자주 이야기되는 다양성, 즉 성별이나 국적, 경력과 전문성, 나이, 가치관 등이 다른 사람들을 섞는 일은 각자에게 진취적인 도전을 촉진하고 서로의 성공을 칭찬하는 조직 분위기를 만드는 데 효과가 있다.

다양성에는 다른 효과도 기대할 수 있다. 국제적인 스포츠 대회를 보면 일본 팀은 한 선수가 실수하면 도미노처럼 차례로 무너지는 경우가 많다. 동료들과 우리는 하나라는 분위기를 깊이 공유하고 있기 때문에 팀원의 실패에 동화되는 것이다. 반대로 팀원들이 각자의 성공을 추구하며 과도하게 결속되어 있지 않으면 이런 일을 막을 수 있다.

구체적인 사실을 인정하고 칭찬하기

자기효능감이 낮은 원인 중에는 인정이 부족한 사회 분위기도 있다. 우리 사회는 인정과 칭찬에 박하다. 그래서 '의식적으로' 인정하고 칭찬할 필요가 있다.

인정은 '거울'에 비유된다. 당사자가 미처 몰랐던 부분을 비춰줌으로써 깨닫게 하고, 올바르게 피드백하는 게 목적이라는 점에서다. 따라서 무조건, 추상적으로 칭찬할 것이 아니라 최대한 객관적인 지표와 구체적인 사실을 대면서 인정하거나 칭찬해야 한다.

"A님이 일하는 방식은 아주 훌륭해요"처럼 감정을 전달하는 칭찬보다는 "A님이 생각해낸 효율적인 문서 정리 방법을 다른 부서도 도입하기로 했어요"라고 구체적인 사실을 칭찬하는 방식이 옳다.

"B님은 고객 응대를 참 잘하시네요"보다 "B님이 고객에게 솔직하게 사실을 전달한 덕분에 우리 매장의 신뢰도가 높아졌어요"라고 정확히 피드백하고 인정하는 방식이 옳다.

인정하는 행위의 목적이 사실을 피드백하는 데 있다는 점에 입각하면 반드시 언어라는 수단을 개입시킬 필요도 없다. 때로는 숫자나 사실을 제시하는 것만으로도 충분할 때가 있고 제3자인 고객이나 관계자에게 인정받을 기회를 마련하는 방법도 있다.

그중에서도 가장 효과적인 것은 자기 이름을 걸고 일하게 하는 것이다. 이름을 걸면 제품이나 서비스의 고객 평가가 본인에게 직접 돌아오니 긴장하며 최선을 다할 수밖에 없다. 어느 기계 제조회사에서는 제품에 담당자의 이름을 표기해 생산하는 제도를 도입했다. 그러자 직원의 근무 의욕이 눈에 띄게 높아졌고, 젊은 직원의 이직률이 확 낮아졌다고 한다. 이 외에도 회사 안팎에 발표하는 문서에 서명을 넣거나 업무상 아이디어에 제안자의 이름을 명시하는 방법도 있다.

한 걸음 더 나아가 조직 안팎의 의사소통이 풍부해지면 그것만으로도 자신의 실력과 공헌, 입지를 자연스럽게 확인할 수 있다. 그러면 만족감과 안도감이 동시에 밀려오며 업무에 안정감을 느끼게 된다.

잠재력을 인정하고 칭찬하기

교육 현장처럼 장기적인 효과를 기대해야 하는 곳에서는 추상적인 인정도 필요하다. 여기서 피할 수 없는 문제가 있다. 능력이나 성과를 칭찬할 것인지, 노력을 칭찬할 것인지 하는 문제다.

이미 살펴본 대로 능력을 칭찬하면 실패했을 경우 자신의 능력에 대한 평가가 낮아진다. 그러면 자신감을 잃게 될까 두려워 위험이 따르는 일에 도전하지 않게 된다. 반대의 경우에는 자만한 나머지 노력하지 않는 상황이 발생할 수 있다.

한편 노력을 칭찬하면 더 분발해야 한다는 부담감이 본인을 궁지로 몰아 효율성을 따지지 않고 무작정 노력만 할 위험이 있다.

그렇다면 무엇을 어떻게 칭찬해야 할까?

되도록이면 구체적인 근거를 제시하면서 잠재력을

칭찬해야 한다. 결과가 흡족하지 않더라도 자신에게 잠재력이 있다고 믿으면 성과가 오르지 않은 것은 노력이 부족했거나 효율적이지 못했기 때문이라고 받아들인다. 이는 개선하려는 노력으로 이어질 수 있다.

잠재력을 칭찬하려면 상대의 어떤 점이 주목받을 가치가 있는지, 가능하면 문장으로 써서 구체적으로 제시하는 것이 좋다. "작년에는 하지 못했던 ○○를 올해는 할 수 있게 되었군요! 저도 A님이 성장하는 모습을 통해 많이 배우고 있습니다"라는 식으로 진척도를 객관적으로 이해할 수 있는 지표를 제시한다. 다른 사람과 비교하기보다 과거의 자신과 비교해보는 게 성장을 쉽게 실감할 수 있다.

이메일이나 메신저를 이용해 틈틈이 칭찬과 감사의 말을 전하는 것도 좋은 방법이다. 이것은 직접 얼굴을 보고 하기 멋쩍을 때 활용하기 좋은 방식이다.

자기효능감을 높이는 방법에 관한 이야기를 정리하면서 꼭 소개하고 싶은 사례가 있다.

2000년대 10대들의 방황과 탈선이 사회문제로 대

두된 적이 있었다. 교토에 있는 K중학교도 이 문제에서 벗어나지 못해 따돌림과 학교 폭력이 끊이지 않았다. 등교를 거부하는 학생의 비율도 전국 평균을 훨씬 웃돌았다.

조사해보니 학생의 자기긍정감과 자존감을 나타내는 '나는 내가 좋다', '내게는 장점이 있다', '나는 반 친구들에게 도움이 되고 있다'라는 항목에 대한 수치가 아주 낮았다. 이 문제를 개선하기 위해 학교는 지역 유치원 일곱 곳과 손을 잡고 학생들의 자기효능감과 자존감을 높이는 프로젝트에 착수했다.

유치원 원아들과 유익한 시간을 보내라는 미션이 주어지자 학생들은 어떻게 하면 유치원 아이들에게 도움과 즐거움을 줄 수 있을지 계획하고 그것을 스스로 실천했다. 원아를 학교로 데려와 함께 밭을 갈아 감자를 심고, 수확하는 팀도 있었다. 여기에 필요한 준비는 자신들이 주체적으로 했다.

교사는 학생에게 필요한 정보를 주거나 필요한 시간과 장소, 자금을 제공하는 등 여러 측면에서 지원했다. 그리고 활동에 대해 교사와 원아의 보호자, 지역 주민이 곳곳에서 학생들을 칭찬하게끔 했다. 당연히 원아들도 학생들을 든든하게 여기고 감사해했다.

활동을 이어가면서 자기긍정감과 자존감을 나타낸 항목의 수치가 오르는 등 변화가 나타났다. K중학교는 따돌림과 등교 거부도 크게 줄었고 학생들의 성적도 오르는 성공적인 결과를 거뒀다.

이 프로젝트는 학교뿐만 아니라 직장 등에서도 응용할 수 있다. 기업이나 관공서에서는 선배가 후배에게 일과 생활을 지도하는 멘토링 제도를 운영했더니 오히려 멘토인 선배가 자신감을 가지고 눈에 띄게 성장했다는 연구 결과도 있다.

다른 사람에게 도움이 되고 인정받는 경험은 커다란 자기효능감과 이어진다. 성공해본 경험을 통해 자신감을 갖추고 나면 주위의 기대에도 쉽게 무너지지 않는 단단한 마음을 가질 수 있다.

3. '별 것 아니야'라고 생각하기

강박을 풀기 위한 세 번째 열쇠는 문제의 중요성을 낮추는 것이다.

기대에 부응할 자신이 없을 때 '나에겐 이게 전부야', '도망칠 곳도 없어'라고 생각할수록 부담감이 커진다. 반대로 '내게는 이것 말고도 소중한 게 많아', '지금은 잠시 도망쳐도 괜찮아'라고 생각하면 부담감은 줄어든다.

바꿔 말하면 문제를 상대화할 수 있느냐 아니냐가 강박의 크기를 결정하는 것이다.

눈앞의 목표에서 벗어나 크고 먼 미래 상상하기

일본 스모에서 해당 체급 최다 우승 기록을 자랑하며 '역사상 가장 강한 선수'라는 평가를 받았던 하쿠호. 그도 최다 우승 기록을 앞두고는 큰 부담을 느꼈다. 하쿠호는 한 인터뷰에서 당시를 회상하며 이렇게 말했다. "제가 존경하는 분이 이런 조언을 해 주셨습니다. '이번에 꼭 이겨야 한다는 생각은 버리고 35회, 40회… 앞으로 수없이 남아 있을 우승 기회를 생각해 봐라. 그러면 오히려 마음이 편한해질 것이다.' 그 말이 큰 위안이 되었습니다 눈앞의 목표를 달성해야겠다는 부담을 내려놓으니 여유를 가지고 제 페이스로 경기를 풀어나갈 수 있었죠."

이처럼 눈앞에 닥친 목표에 구애받기보다는 의식적으로 훨씬 먼 미래를 내다보면서 당장의 목표를 상대화해야 한다. 즉, '절대로 이번 기회를 놓치면 안 돼'라는 생각에서 벗어나 '이번 기회도 앞으로 있을 여러 번의 기회 중 하나일 뿐이야. 최선을 다하면 그걸로 됐어'라는 생각을 가지자는 것이다.

공부와 일, 그 밖의 일상생활에 이런 생각을 적용하면 부담감으로부터 자유로워질 수 있다.

입사 시험에 직면하면 누구나 부담감에 짓눌린다. 주위의 기대가 높을 때는 더하다. '반드시 합격해야 해'라는 생각은 하고 싶던 공부도 하기 싫게 만든다. 그러나 '이상적인 회사를 만들 거야' 같은 크고도 먼, 어쩌면 이룰 수 없는 꿈을 가지면 거기에 도달하는 길은 하나가 아님을 알게 되고, '까짓것 이 회사에 떨어지면 다른 회사에 입사하면 되지!' 같은 대범한 마음을 가지게 된다. 모순적이지만 당장 눈앞에 닥친 목표에 대한 부담이 한결 줄어드는 것이다.

일에서도 이룰 수 없을 만큼의 원대한 꿈을 품으면 지금 당장 상사의 기대에 미치지 못하거나 평가가 다소 떨어지더라도 하늘이 무너질 만큼의 스트레스는 피해갈 수 있다. 언뜻 허황되어 보이는 '큰 꿈을 가져'라거나 '멀리 보고 행동해'라는 말이 자주 쓰이는 것은 이런 이유에서일 것이다.

약점을 솔직하게 드러내기

앞서 말한 스모 선수 하쿠호의 에피소드에는 또 하나 주목할 점이 있다. 바로 불안한 심정을 존경하는 선배에게 토로했다는 점이다. 그는 언론에도 자신이 부담감과 싸우고 있음을 솔직히 드러냈다. 자신의 약점을 보여줌으로써 주위의 기대를 낮추고, 실패했을 때도 체면을 유지할 수 있다. '대단한 선수 하쿠호도 실패를 두려워하는 인간이구나'라고 사람들은 이미 이해했기 때문이다. 이렇게 자신을 드러냄으로써 기대의 무게를 내려놓으면 인정욕구를 해소하는 효과가 있다.

역설적으로 약점을 보여주면 두려움이 옅어지면서 보다 강한 멘탈을 가질 수 있다. 그런 의미에서도 중요한 게 '실패 경험'이다.

스포츠에서도, 다른 승부의 세계에서도 설마 그럴 리 없다고 생각했던 사람이 패배할 때가 있다. 게다가 한 번으로 끝나지 않고 두 번, 세 번 연달아 질 때가 있다. 나중에 인터뷰하면 '심리적으로 쫓기고 있었다'고

이야기한다.

　계속 이기기만 했던 사람이라면 주위에서 점점 더 큰 기대를 하기 마련이다. '불패 신화'라는 말까지 붙여가며 추켜올리기도 한다. 하지만 한편으로 본인 안에는 '언젠가는 지겠지?'라는 불안이 꿈틀대기 시작한다. 게다가 패배한 경험이 없으니까 졌을 때 어떻게 행동해야 할지 몰라 더욱 비참해할 것이다. 패배에 대한 두려움은 자신을 궁지로 몰고, 또 다른 패배로 이어지게 할지도 모른다. 다시 일어설 방법도 익히지 못했으므로 완전히 자신감을 잃는다.

　앞장에서 다룬 엘리트들의 약점과도 통하는 부분이다. 그들은 시험, 취직에서 좌절한 경험이 없어서 실패에 대한 불안을 가지기 쉽고 실패했을 때 좌절감도 더 크다.

　지금까지 우리는 늘 성공 경험의 중요성만 강조해왔다. 자신감을 키우려면 성공 경험이 중요하다. 하지만 좌절에서 회복하기 위해 성공만큼 실패 경험도 필요하다. 더 높은 목표에 도전하기 위해서도 실패의 경험은 중요하다. 이 세상에 어떤 사람도 실패 없이 성공할 수는 없기 때문이다.

부담감을 줄여주기 위한 리더의 역할

다만 본인의 노력만으로는 부담감을 줄이고 강박을 푸는 데 한계가 있다. 기대라는 부담감을 주는 이들은 대부분 부모나 교사, 상사 같은 사람이고 그들은 부담감을 어느 정도 없애줄 수 있는 처지에 있다. 지금부터는 상사가 아랫사람에게 할 수 있는 일이 무엇인지 알아보자.

데이쿄대학 럭비부는 2018년까지 대학선수권대회 연속 9회 우승이라는 전대미문의 기록을 세웠다. 졸업으로 매년 선수가 바뀌는 학생 스포츠에서 9년 동안 연속으로 승리했다는 것은 경이로운 일이다.

이 팀의 감독인 이와데 마사유키가 제일 강조하는 것은 동기부여를 가지게 하는 분위기, 문화의 필요성이다. 지도자는 선수가 '스스로 변하고 싶다'라는 생각을 갖도록 환경을 조성해야 한다고 말한다.[41] 또 이와데 감독은 '대학선수권대회에서 이기는 것보다 즐거움을 추구하는 것이 더 중요한 목표'라고 말했다.

연속 우승을 목표로 하면 주위의 기대를 고스란히 받아들여야 한다. 가장 주목받는 학교인 만큼 대항전이나 연습 경기의 결과를 두고 비판도 수없이 듣게 될 것이다. 또 연속 우승을 의식하면 먼저 수동적인 자세가 되어 경기 집중력이 떨어진다. 그러면 최고의 경기력을 발휘하기 어렵다. 부담에 짓눌려 일을 그르치게 될 가능성이 높다.

'승리'보다 '즐거움'을 추구하면 부담감에서 벗어날 수 있다. 기대를 받고 높은 평가를 받아 즐거워지기도 하겠으나, 이미 즐겁다면 남의 기대야 어떻든 상관없다. 즐거움에 집중하면 인정욕구의 강박에 빠질 위험도 줄어든다.

즐거움의 효용은 이것만이 아니다. 심리학자 미하이 칙센트 미하이는 '인간은 하나의 활동에 몰입하는 플로우(Flow) 상태일 때 잠재력을 발휘한다'고 주장했다. 즐겁게 하는 일에서는 좋은 성과를 낼 가능성이 높다는 뜻이다.

일부 보수적인 리더들은 '공부나 일에서 즐거움을 느낀다는 것은 사치이다'라고 주장하기도 한다. 이들은 심지어 '즐거움을 느낀다는 것은 진지하지 못하다는 증거'라고 말한다. 그러나 진정한 즐거움은 장난치거나 대충하는 게 아니다. 오히려 집중력을 최고로 발휘하는 생산적인 상태이다.

관계의 다양성 추구하기

최근에는 직장인이라도 본업과는 다른 명함을 가지고 다니는 사람이 늘었다. 평일 퇴근 후나 주말을 이용해 비영리단체나 동호회에서 활동하며 보람을 찾는 사람도 적지 않다. 이렇게 소속 조직 밖에서 보람이나 성취감 그리고 인정욕구를 채우는 자리를 얻게 된다면 노동 환경에도 영향을 미칠 것이다.

학교에도 직장이 있는 대학원생이 늘어나 분야에 따라서는 사회인 대학원생이 오히려 많은 경우도 있다. 쭉 학교에서 공부만 해온 대학원생 중에는 인정욕구의 강박에 빠져 중도에 포기하는 경우가 많다고 하는데, 직장이라는 또 다른 세계를 가진 사회인 대학원생은 그럴 위험이 적다. 대학원에 다닌 것을 계기로 다른 회사나 대학으로 자리를 옮기는 사례도 많다.

대학생들도 마찬가지다. 학교라는 공동체에 완전히 귀속되기보다 학교 밖 동아리나 단체 등에 들어가거나 SNS 등을 통해 외부 사람들과 네트워크를 구축한다면 강박에 빠질 위험이 줄어든다. 유학을 다녀와 바깥 세계를 경험하는 것도 현재 자신이 놓인 위치를 상대화해 생각하는 데 도움이 될 것이다.

4. 공동체주의에서 벗어나기

　　관료나 대기업 엘리트 사원이 잇따라 일으킨 조직의 부정 가운데 대부분은 인정욕구에 대한 강박이 깊이 관련되어 있다. 그들은 높은 인지된 기대와 일에 대한 낮은 자기효능감 사이의 격차에 괴로워 했으며, 공동체에 강하게 의지하고 있었다. 즉 강박을 일으키는 조건이 완벽하게 갖춰진 것이다.

　주위의 기대에 부응해야 한다는 의식이 강함에도 불구하고 일을 수행하는 능력에는 자신이 없다. 결국은 직장이라는 폐쇄적인 세계에서 상사의 평가에 매달린다. 그 결과 부정에 손을 대게 된다.

또 하나, 공동체형 조직에는 부정을 유발하는 특징이 있다. 바로 익명주의, 즉 개인의 얼굴이 보이지 않는다는 점이다.

'가족같은' 회사는 이제 그만

조직 입장에서는 구성원의 일과 마음 상태를 모두 조직 안에 꼭 붙잡아두는 게 편하다. 주위 눈을 의식하여 함부로 행동하지 않을 테고, 도망칠 곳이 없으니 다소 무리한 요구를 하더라도 수긍하게 되니 말이다.

그런 이유로 많은 조직은 구성원이 '또 다른 세계'를 갖는 걸 싫어한다. 이와 관련된 한 조사에서는 일본 기업의 70퍼센트 이상이 '부업이나 겸업을 허가할 계획은 없다'라고 답했다.

많은 기업이 대학졸업자 신규 채용에 매달리는 것도, 여성이나 외국인 채용에 소극적인 것도, 더 나아가 가족적인 사내 분위기를 과시하는 것도 속내는 거기에 있다. 쉽게 벗어날 수 없는 굴레를 씌움으로써 조직이 편한 대로 사람을 움직이려는 것이다. 더 비판적으로 얘기하자면 조직이 착한 사람들이 가진 인정욕구를 이용해온 것이다. 이에 따른 폐해는 이미 곳곳에서 나타나고 있다.

일본 기업들은 명확한 비전이나 획기적인 신제품을 내놓지 못해 노동 생산성이나 이익률에서 다른 선진국들에 크게 뒤지고 있다. 젊은 인재들은 '우리는 가족' 같은 구호로 친밀감 쌓기를 지나치게 강조하는 분위기가 싫어 외국계 기업이나 스타트업으로 이직한다.

관공서, 금융 기관, 대기업의 비리, 스포츠계의 갑질과 폭력도 줄을 잇는다. 이제 이런 일들이 인정욕구의 강박과 관계가 있다는 것을 알았으니 강박을 일으키는 공동체형 조직에 칼을 대야 할 때가 온 것이다.

타인의 눈치를 보지 않는 프로가 되자

공동체형 조직에서는 '일은 다 함께 하는 것'이라는 전제가 있어서 개인의 권한과 책임이 모호하고 기본적으로 개인은 겉으로 드러나지 않는다. 그러므로 구성원들은 내부의 눈과 내부의 평가에 더욱 신경을 쓰고 외부의 눈, 외부의 평가에는 신경 쓸 필요가 없다. 바로 그 점이 사회의 상식이나 이익을 훼손하면서까지 동료나 상사를 우선하는 행동을 하게 만든다.

이런 문제를 해결하는 방법은 각각의 구성원이 자신의 노력에 자부심을 가지고 일의 프로가 되는 것이다. 직업에서 프로란 의사, 변호사, 과학자 등 고도의 전문 지식을 이용하며 공공의 이익에 기여하는 직업을 말한다. 다만 기업 같은 조직에서 일하는 연구직, 일부 기술직, 디자이너, 건축가 같은 직종도 그 전문성과 능력의 범용성이라는 면에서 전문가로 볼 수 있다.[42] 여기서는 이 모든 걸 다 합쳐 '프로'라 칭하겠다.

프로에게는 전문적인 능력이 요구되고, 이것이 생명줄이므로 당연히 일에 대한 자기효능감이 높다. 기대와의 격차도 줄어들어 상황에 따라 기대를 웃도는 공헌도 할 수 있다. 예를 들어 전문 분야에서는 상사보다 부하가 더 뛰어난 견해를 지니는 경우도 있다.

그러므로 상사의 마음에 들 필요도 없고 아니다 싶

으면 이직하면 그만이다. 오히려 소속 조직에 아양을 떨거나, 상사의 마음에 들려고 부정을 저지르면 전문가 사회에서는 도태된다. 나아가 프로로 인정받지도 못한다.

이 차이가 가지는 의미는 크다. 공동체형 조직 안에서는 사실상 기능하지 않는 내부 고발 제도도 자기의 일에 자신감이 있는 프로라면 보복을 두려워하지 않고 이용할 수 있다. 오히려 조직의 존재 이유보다 사회적 정의를 우선시하는 게 프로로서의 권위와 자긍심으로 이어진다.

인정받아야만 한다는 강박에서 벗어나기

또 하나 잊어서는 안 되는 것이 공동체형 조직의 특징인 개인의 익명성이 부정을 유발한다는 점이다. 자신의 이름이 겉으로 드러나지 않으면 아무래도 무책임해지기 쉽다.

반면 자기 일에 자부심과 프로 의식이 있는 사람들은 원칙적으로 자기 이름을 내걸고 일하고 각자가 개인으로 평가받는다. 그러므로 조직 뒤에 숨거나 개인의 익명성을 악용한 부정을 일으키기 어렵다. 자기 얼굴에 먹칠하고 싶은 사람은 아무도 없으니 말이다.

물론 프로도 조직의 구성원으로 일하는 이상 조직 안에서 '인정받고 싶다'라는 마음은 있다. 그러나 '인정받아야만 해'라는 절박함을 가질 이유는 줄어든다.

이런 분위기 아래 기업은 사원의 이직이나 독립을 막으려고 할 게 아니라 오히려 인재 육성을 전제로 기업이나 개인 모두에게 이익이 되는 구조를 구축해야 한다.

기존의 공동체형 조직은 시간문제일 뿐 반드시 붕괴할 수밖에 없다. 그렇다면 조직과 개인 모두, 이러한 변화에 앞서 각자의 일에 자부심을 갖고 노력하는 시간이 필요하지 않을까. 그것은 결국 인정욕구에 대한 강박을 풀 궁극적인 기회로 이어질 것이다.

맺음말

―― 인정받고 싶은 마음
　　그 아래에 깔린 어둠을 생각하며

　　　　일본 스포츠계에서 눈길을 끄는 사건이 연달아 일어났다.

　하나는 후쿠오카현에서 열린 전국일본실업단 릴레이 경주 여자 예선 대회. 2구간을 맡은 선수가 중간에 다리를 다쳐 더 이상 달릴 수 없게 되었다. 그러자 선수는 구간 골인 지점까지 200미터를 기어가서 다음 선수에게 어깨띠를 건넸다. 이 장면은 TV로도 중계되어 많은 사람들에게 충격과 감동을 남겼다.

　또 하나는 도버에서 열린 체조 세계선수권대회 남

자 예선이었다. 당시 일본팀은 5개 종목을 끝낸 상황에서 1위였다. 그런데 마지막 종목인 안마에서 에이스 우치무라 고헤이가 탈락하자 다른 선수들도 우르르 무너져버렸다. 심지어 전년도 세계선수권대회에서 동메달을 따는 등 안마가 주 종목인 선수까지 탈락하고 말았다. '기대에 부응해야만 해'라는 부담감이 얼마나 컸을지 쉽게 상상이 간다.

요즘 젊은이들은 친구들에게 문자 메시지가 오면 조금도 지체하지 않고 답장을 보내는 데 온 신경을 곤두세우고, 친구들과 모이면 분위기가 나빠지지 않도록 최선을 다해 분위기를 띄운다. 실제로는 인간 관계에 어려움을 겪으면서 그렇지 않은 것처럼 보이려고 인터넷에 올릴 사진을 함께 찍어주는 친구 대행 서비스를 이용하는 젊은이들도 많다고 한다. SNS 이용자 대다수도 친구나 지인에게 '인정받아야만 해'라는 마음으로 사진과 글을 올리는 경우가 대부분이다.

이렇게 타인의 눈치를 살피고 인정받고자 노력하

는 행동의 배경에는 역시 인지된 기대, 자기효능감, 문제의 중요성이라는 세 가지 요소가 얽혀 있다고 볼 수 있다.

'인정 받아야만 해'라는 부담감을 과도하게 주는 사회는 분명히 문제가 있다. 인정과 칭찬이란 개인의 개성과 노력, 업적 등을 보며 자연스럽게 이루어지는 것이다. 인정받기 위해 무언가를 해야 하는 게 아닌데 주객이 전도된 셈이다.

최근 이상할 정도로 만연해 있는 우울증이나 집단 따돌림, 등교 거부, 갑질, 과로사와 과로 자살, 기업과 관공서의 조직 부정 등은 그런 왜곡에서 생긴 게 아닐까. 유럽과 미국보다 현저히 낮은 시간당 생산성, 기업이익률, 국제경쟁력도 부정적인 부담감을 주는 조직과 사회의 체질과 전혀 관계가 없진 않을 것이다.

그러므로 더 늦기 전에 인간의 욕구 중에서도 가장 강력한 욕구라고 할 수 있는 인정욕구를 건전한 방향으로 전환할 방법을 함께 찾고 사람과 조직, 사회에 활력을 되찾아야 한다.

나는 이제까지 인정과 인정욕구에 관한 책을 여러 권 썼는데 모두 그 긍정적인 면에 초점을 맞춰왔다. 그러나 그 책들을 쓰는 내내 인정과 인정욕구의 부정적인 면이 머릿속에 달라붙어 있었고 점점 커졌다. 그 정체도 조금씩 선명해졌다.

원래 인정욕구는 사회과학의 세계에서도 그다지 주목받지 못했다. 명확한 울림이 있는 자아실현, 성취욕구 등이 널리 알려진 바와는 대조적이다. 하지만 실은 정말 중요한 욕구이자 인간이 가지는 의욕의 원천으로, 또 행동과 성장의 원동력으로 아주 핵심적인 역할을 하고 있다.

사회는 사람들의 인정욕구에서 비롯한 의욕과 노력 덕분에 발전하고 번영해왔다. 과장처럼 들릴 수 있겠으나 인간의 인정욕구 없이는 조직도 사회도 성립하지 않는다.

때로는 모든 이의 마음 깊숙이 숨죽이고 있는 인정욕구가 무의식 속에서 정신적 부담이 되어 본인의 뜻과는 달리 무리하도록 하거나 자유를 빼앗기도 한다.

앞서 살펴봤듯 그것이 과로사나 과로 자살, 범죄, 조직 부정이라는 중대한 사태를 일으키기도 한다. 그렇기에 특수한 사람들이 일으킨 예외적인 사례로 치부하고 넘길 일이 아니라 누구나 일정한 조건만 갖춰지면 같은 문제를 일으킬 가능성이 있다는 것을 간과해서는 안 된다.

우리를 둘러싼 환경이 빠르게 변화함으로써 타인의 인정과 칭찬에 매달리는 분위기는 더욱 고조되고 있다. 따라서 문제의 본질, 즉 그런 일들이 인정욕구에 대한 강박 때문에 일어난다는 점을 외면하지 말아야 하겠다.

책에는 이제까지 내가 보고 들었던 다양한 사례와 에피소드, 연구 프로젝트, 설문 조사 결과 등을 이용했다. 정보를 제공해주신 분들, 조사에 협력해주신 분들께 감사드린다. 자신의 경험을 솔직하게 이야기해준 학생들에게도 감사를 전한다.

참고 문헌

1. A. H. 매슬로 《인간성의 심리학》 산업능률단기대학출판부, 1971년.
2. E. L. 데시 《내발적 동기 부여—실험사회심리학적 접근》 세이신쇼보, 1980년.
3. 앨버트 밴듀라 《self-efficacy: The Exercise of Control》 W. H Freeman &Co, 1997년.
4. 후루쇼 준이치 《일본 아이들의 자존감은 왜 낮은가—아동정신과 의사의 현장 보고》 고분샤, 2009년.
5. 베네세교육종합연구소 제4회 국제비교조사 「가족 속의 아이들」, 1994년.
6. 내각부 「일본과 여러 외국의 젊은이 의식에 관한 조사」, 2013년.
7. NTT도코모리서치·니혼게이자이신문 「인사평가에 관한 조사」 2015년 실시
8. 이치카와 마모루 《NHK스페셜, 뇌가 되살아나다—뇌졸중·재활혁명》 주부와생활사, 2011년.
9. 가토 고이치 《마구 칭찬하는 학원의 의욕을 기르는 방법》 가도가와, 2018년.
10. J. M. 쿠제스·B. Z. 포스너 《칭찬을 잘하는 리더가 되라》 쇼에이샤, 2001년.

11 스즈키 신이치 「스트레스 관리」, 사카노 유지·마에다 모토나리 편저 《셀프 에피커시의 임상심리학》 기타오지쇼보, 2017년.

12 오카모토 고이치·이마노 히로유키 《조직 건전화를 위한 사회심리학》 신초샤, 2006년.

13 파스칼 《팡세》 하쿠스이샤, 1990년.

14 David Dobbs, "Teenage Brains" National Geographic, 2011년.

15 빅터 프랭클 《현대인의 병―심리요법과 실존철학》 마루젠, 1972년.

16 이와이 히로시 《모리타요법》 고단샤, 1986년.

17 크리스 버딕 《'기대'의 과학―나쁜 예감은 왜 적중하는가?》 한큐커뮤니케이션즈, 2014년.

18 구마자와 마코토 《지나치게 일하다가 쓰러진다면: 과로사, 과로 자살이 말하는 노동의 역사》 이와나미서점, 2010년.

19 대한민국 고용노동부, '2024년 1월 사업체 노동력 조사 및 2023년 10월 지역별 사업체 노동력 조사' 2024년 발표

20 일본 노동정책연구·연수기구 「근무방식의 현상과 의식에 관한 설문 조사」 2005년 실시

21 일본 노동정책연구·연수기구 「연차 유급휴가의 취득에 관한 조사」 2010년 실시

22 조지 호먼스 《사회 행동―그 기본 형태》 세이신쇼보, 1978년.

23 피터 브라우 《교환과 권력―사회 과정의 변증법 사회학》 신초샤, 1974년.

24 곤노 하루키 《블랙 아르바이트―학생이 위험하다》 이와나미서점, 2016년.

25 혼다 유키 「자기실현이라는 덫(열정)의 착취―확대되는 새로운 '과

로'」〈세계〉 2007년 3월.

26 나카무라 사토미「우울증의 기업 종업원의 직장 스트레스 처리에 관한 인지 및 행동 과정」일본응용심리학회〈응용심리학 연구〉제41권 제2호, 2015년 11월.

27 애런. T. 벡,《인지요법-정신요법의 새로운 발전》이와사키학술출판사, 1990년.

28 이와타 잇테쓰《직장의 스트레스와 그 관리—스트레스 축적 과정에 주목해》소세이사, 2018년.

29 시바 신타로《우울증을 살리다》치쿠마쇼보, 2002년.

30 구보 마사토《번아웃의 심리학—소진 증후군이란》사이언스사, 2004년.

31 콜린 윌슨《A Criminal History of Mankind》Granada Publishing, 1984년

32 니타 겐이치《조직과 엘리트들의 범죄—그 사회심리학적 고찰》아사히신문사, 2001년

33 시로야마 사부로《관료들의 여름》신초샤, 1975년.

34 오시카 야스아키《도시바의 비극》겐토샤, 2017년.

35 후세 토요마사《자살과 문화》신초샤, 1985.

36 이노우에 타다시《'세간 시선'의 구조—사회심리사로의 시도》일본방송출판협회, 1977년.

37 오타 하지메·일본표창연구소《표창제도》도요경제신보사, 2013년.

38 게오르크 지멜《돈의 철학》하쿠스이샤, 1978년

39 Uri Gneezy and Aldo Rustichini, "A Fine is a Price" Journal of Legal Studies, vol. 29, 2000.

40 하나다 미쓰요 《인사제도의 경쟁 원리 실태》, 《조직 과학》 하쿠토쇼보, 제21권 제2호, 1987년 9월.

41 이와데 마사유키 《항상 이기는 집단의 원칙—스스로 배우고 성장하는 인재가 길러지는 '이와데식' 마음의 매니지먼트》 니케이BP사, 2018년.

42 오타 하지메 《프로페셔널과 조직—조직과 개인의 '간접적 통합'》 도분칸출판, 1993년.

너무 애쓰지 마라

초판 1쇄 발행 2025년 1월 8일

지은이 오타 하지메
옮긴이 민경욱
펴낸이 박혜연

디자인 이연수
마케팅 김하늘
펴낸곳 ㈜월마 **출판등록** 2024년 7월 11일 제 2024-000120호

ISBN 979-11-988895-1-5 (03180)

· 책값은 뒤표지에 있습니다.
· 파본은 구입하신 서점에서 교환해드립니다.
· 이 책은 저작권법에 의하여 보호를 받는 저작물이므로 무단 전재와 복제를 금합니다.
· 이 책의 본문은 '을유1945' 서체를 사용했습니다.

> ㈜월마는 독자 여러분의 책에 관한 아이디어와 원고 투고를 기다리고 있습니다. 책 출간을 원하시는 분은 이메일 wilma@wilma.kr로 간단한 개요와 취지, 연락처 등을 보내주세요.